JLPT
합격 시그널

일본어능력시험
문법 필수 교재

KB207808

일본어
문형 N1

저자 JLPT 연구모임

 시사일본어사

일본어를 학습하다 보면 단어의 뜻과 문법을 알고 있어도 전체적인 의미나 뉘앙스를 파악하기 힘들 때가 있습니다. 또, 작문을 해도 어색한 표현이 되거나 오용을 하게 되는 경우가 많습니다. 그래서 단어, 한자, 문법 공부만큼 중요한 것이 바로 '문형' 학습입니다.

예를 들어 '추측 표현'의 경우, 말하는 사람의 주관적인 판단에 의한 것인지 객관적인 근거에 의한 것인지에 따라 사용하는 표현이 달라지며, '가정 표현'도 상황에 따라 어울리는 표현이 각각 있기 때문에 최대한 다양한 예문을 통해 쓰임새를 익혀 두는 것이 좋습니다.

이 책은 일본어능력시험에 대비할 수 있을 뿐 아니라 일상생활에서 자주 쓰는 일본어 표현을 익히는 데에도 유용하게 활용할 수 있도록 구성되어 있습니다.

먼저, 문형의 품사별 접속 방법을 도식화하여 한눈에 파악할 수 있도록 했고, 각 품사가 활용된 대표적인 용례를 제시해 놓았습니다. 아울러 해당 문형과 관련 있는 표현이나 참고해 두면 유용한 표현, 틀리기 쉬운 부분이나 유의해야 할 부분도 해설을 덧붙여 심화 학습이 가능하도록 했습니다.

확인 문제에서는 일본어능력시험(JLPT) 문법 파트에서 출제되는 '문법형식 판단 유형'과 '문장 만들기 유형'의 문제를 수록했습니다. '문법형식 판단 유형'은 문장의 내용에 맞는 문형 표현, 즉 기능어를 찾아서 넣는 문제이고, '문장 만들기 유형'은 나열된 단어를 의미에 맞게 조합하는 문제입니다. 문제를 풀면 시험의 출제 유형을 파악해 둘 수 있을 뿐만 아니라 학습한 문형을 확실히 기억할 수 있는 효과가 있습니다.

최대한 심플하고 직관적으로 구성하되 범용성이 높은 예문을 제시했으니, 일본어에 흥미가 있으시거나 시험을 준비하시는 분들께 조금이나마 도움이 되길 바랍니다.

JLPT 연구모임

3

• 필수 문형 익히기

일본어능력시험에 자주 출제되는
일본어 문형을 선별했습니다.

• 원어민 음성 듣기

휴대폰으로 QR코드를 찍으면
원어민 음성을 들을 수 있습니다.

012

こととて

-라고 생각하고, -기 때문에

손윗사람이나 민폐를 끼친 상대에게 사죄할 때 등에 쓰는 표현으로, 격식을 차릴 때 사용한다. 「~ですから -기 때문에」, 「~ということで -라는 이유로」라는 표현을 쓰면 '그래서 당연히 이렇게 됐다'라고 변명하는 느낌이 들기 때문에 완곡하면서도 예스러운 「~こととて」를 사용하는 경우도 있다.

동사	보통형
い형용사	보통형
な형용사	보통형 / 어간 + な
명사	-の

+ こととて

· 子供がやったこととてどうか大目に見てください。
아이가 한 일이니 제발 너그럽게 봐 주세요.

· 知らないこととてご迷惑をおかけしたとしたら申し訳ありません。
모르는 일이라서 폐를 끼쳤다면 죄송합니다.

· 足元が暗いこととて気を付けてお帰りください。
발밑이 어두우니 조심히 돌아가세요.

· 重大なこととて自分一人の判断では決められなかった。
중대한 일이라 나 혼자만의 판단으로는 결정할 수 없었다.

· 担当者が不在のこととて詳しいことは後ほどお知らせいたします。
담당자가 부재중이라서 자세한 사항은 추후에 알려 드리겠습니다.

34

함께 알아 두기

~ということで

「~こととて」가 너무 예스러운 표현이기 때문에 실제 회화에서는 「~ということで -라는 이유로, -라고 해서, -이기 때문에」를 많이 쓴다. 이때 접속 형태는 약간 달라지는데 동사와 い형용사는 동일하고, な형용사에 접속할 때는 보통형, 명사에 접속할 때는 「の」없이 바로 「~ということで」를 붙인다.

· 明日会うということで今の仕事のことも聞いてみます。
내일 만나기 때문에 지금의 일에 대해서도 물어보겠습니다.

· 今スペイン語を習っているということでいつか南米に行きたいそうです。
지금 스페인어를 배우고 있어서 언젠가 남미에 가고 싶다고 합니다.

· そのドラマが面白いということで毎週欠かさず見ているそうだ。
그 드라마가 재미있어서 매주 빠짐없이 보고 있다고 한다.

· ランチが少し物足りなかったということで3時におやつを食べた。
점심이 조금 부족했기 때문에 세 시에 간식을 먹었다.

· 今後成長していく理由があやふやだということで投資はしないことにした。
앞으로 성장해 나갈 이유가 불확실하기 때문에 투자는 하지 않기로 했다.

· アイデアが画期的だということで皆の注目を集めている。
아이디어가 획기적이라는 점에서 모두의 주목을 받고 있다.

· 新人ということで優しく指導をお願いします。
신인이기 때문에 상냥하게 지도를 부탁드립니다.

· 3年目ということでもう仕事にも慣れたと思います。
3년 째라서 이제 업무에도 익숙해진 것 같습니다.

35

• 접속 방법 확인하기

품사별 접속 형태를 간단히 체크해 봅시다.
공식처럼 외우지 말고 제시된 예문을 통해
익히는 것이 좋습니다.

• 유사 표현 비교하기

의미가 유사하거나 형태가 유사한 표현을
뽑아 설명과 예문을 추가했습니다.

• 품사별 예문 익히기

일상생활에서 바로 활용 가능한 예문들을 수록했습니다.
접속 방법에 표시된 품사별 컬러와 동일하게 구성했습니다.

● 문제 풀어 보기

일본어능력시험 문법 파트에서 출제되는 유형과
동일한 문제가 제공됩니다.
문제를 풀면서 실력을 점검해 봅시다.

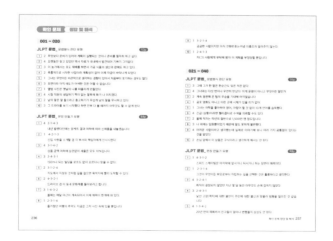

● 정답 확인하기

교재 뒷부분에 확인 문제의 정답과 해석이 있습니다.
틀린 문제는 다시 한번 해당 문형으로 돌아가 내용을
복습해 봅시다.

품사별 접속 형태와 용어를 살펴봅시다.

품사	활용 형태	예
동사	기본형 (=사전형)	書く, 見る, する, 来る
	보통형 (=반말체)	書く, 書かない, 書いた, 書かなかった…
	ます형 (ます 앞부분을 가리킴)	書きます, 見ます, します, 来ます
	ない형 (ない 앞부분을 가리킴)	書かない, 見ない, しない, 来ない
	て형 (−て・で)	書いて, 見て, して, 来て
	た형 (−た・だ)	書いた, 見た, した, 来た
	가정형 (−ば)	書けば, 見れば, すれば, 来れば
	의지형 (−う・よう)	書こう, 見よう, しよう, 来よう
い형용사	기본형 (=사전형)	おいしい, さむい
	보통형 (=반말체)	おいしい, おいしくない, おいしかった, おいしくなかった…
	어간	おいし, さむ
	어간 + く	おいしく, さむく
	부정형 (어간 + くない)	おいしくない, さむくない
	연결형 (어간 + くて)	おいしくて, さむくて
	과거형 (어간 + かった)	おいしかった, さむかった
	가정형 (어간 + ければ)	おいしければ, さむければ

품사	활용 형태	예
な형용사	기본형 (=사전형)	きれいだ，しずかだ
	보통형 (=반말체)	きれいだ，きれいじゃ(では)ない， きれいだった，きれいじゃ(では)なかった…
	어간	きれい，しずか
	부정형 (어간 + じゃ (では)ない)	きれいじゃ(では)ない，しずかじゃ(では)ない
	연결형 (어간 + で)	きれいで，しずかで
	과거형 (어간 + だった)	きれいだった，しずかだった
	가정형 (어간 + なら(ば))	きれいなら(ば)，しずかなら(ば)
	어간 + な	きれいな，しずかな
명사	명사	休^{やす}み，学生^{がくせい}
	보통형 (=반말체)	休^{やす}みだ，休^{やす}みじゃ(では)ない，休^{やす}みだった， 休^{やす}みじゃ(では)なかった…
	연결형 (-で)	休^{やす}みで，学生^{がくせい}で
	과거형 (-だった)	休^{やす}みだった，学生^{がくせい}だった
	가정형 (-なれば, -であれば)	休^{やす}みならば，休^{やす}みであれば， 学生^{がくせい}ならば，学生^{がくせい}であれば

목차

001	あっての	12
002	いかんで(は)	14
003	いかんにかかわらず	16
004	かぎりだ	18
005	かたがた	20
006	かたわら	22
007	がてら	24
008	からある / からする	26
009	きらいがある	28
010	きわまる	30
011	ごとく	32
012	こととて	34
013	しまつだ	36
014	ずくめ	38
015	ずにはおかない / ないではおかない	40
016	すら	42
017	そばから	44
018	ただ 〜のみ	46
019	たところで	48
020	たらさいご	50

확인 문제 ······ 52

021	たりとも 〜ない	56
022	つ〜つ	58
023	であれ	60
024	であれ〜であれ	62
025	てからというもの(は)	64
026	でなくてなんだろう	66

027 ではあるまいし / じゃあるまいし ……………… 68

028 てまえ ……………………………………………… 70

029 てやまない ……………………………………… 72

030 とあいまって …………………………………… 74

031 とあって ………………………………………… 76

032 とあれば ………………………………………… 78

033 といい～といい ………………………………… 80

034 というところだ ………………………………… 82

035 というもの ……………………………………… 84

036 といえども ……………………………………… 86

037 といったらない ………………………………… 88

038 といわず ～といわず …………………………… 90

039 とおもいきや …………………………………… 92

040 ときたら ………………………………………… 94

🐱 확인 문제 ……………………………………………… 96

041 ところ(を) ……………………………………… 100

042 とは ……………………………………………… 102

043 とはいえ ………………………………………… 104

044 とばかり(に) …………………………………… 106

045 ともあろう ……………………………………… 108

046 ともなく / ともなしに ………………………… 110

047 ともなると ……………………………………… 112

048 ないまでも ……………………………………… 114

049 ない(もの)でもない …………………………… 116

050 ながら …………………………………………… 118

051 なくして(は) …………………………………… 120

052 なくもない ……………………………………… 122

목차

053	なしに	126
054	ならでは	128
055	なり	130
056	なり～なり	132
057	なりに	134
058	にあって	136
059	にいたって	138
060	にいたる	140

확인 문제 142

061	にかかわる	146
062	にして	148
063	にそくして	150
064	にたえない	152
065	にたる	154
066	にとどまらず	156
067	に(は)あたらない	158
068	にひきかえ	160
069	にもまして	162
070	のいたり	164
071	のきわみ	166
072	のだった	168
073	はいざしらず / ならいざしらず	170
074	はおろか	172
075	ばこそ	174
076	ばそれまでだ	176
077	べからざる	178
078	べく	180

079 まじき ·· 182

080 までだ ·· 184

🐹 확인 문제 ·· 186

081 までもない ·· 190

082 まみれ ·· 192

083 めく ·· 194

084 もさることながら ·· 196

085 やいなや ·· 198

086 やら ·· 200

087 ゆえ(に) ·· 202

088 ようが ·· 204

089 ようと(も) ·· 206

090 ようにも 〜ない ·· 208

091 をおいて ·· 210

092 をかぎりに ·· 212

093 をかわきりに(して) ·· 214

094 をきんじえない ·· 216

095 をふまえ(て) ·· 218

096 をもって ·· 220

097 をものともせず(に) ·· 224

098 をよぎなくさせる / をよぎなくされる ·· 226

099 をよそに ·· 228

100 んばかりに ·· 230

🐹 확인 문제 ·· 232

● 확인 문제 정답 및 해석 ·· 236

あっての

~가 있기에 가능한, ~가 있어야 할 수 있는

「A あっての B」는 'A가 있기 때문에 B도 성립한다'는 의미이다. 즉, 'A가 없으면 B는 이루어지지 않는다'는 의미를 내포하여 A의 중요성을 강조한 표현이다.

명사 + **あっての** + 명사

・健康あっての人生の喜びですからまず健康の維持に努めましょう。
건강해야 인생의 기쁨을 누릴 수 있으므로 우선 건강 유지에 힘씁시다.

・全社員の協力あっての事業です。皆さんの理解と積極性が必要です。
전사원의 협력이 있어야 하는 사업입니다. 여러분의 이해와 적극성이 필요합니다.

・何事も努力あっての結果だと思います。
매사에 노력이 있어야 결과가 나온다고 생각합니다.

・過去あっての現在、現在あっての未来だと言えるでしょう。
과거가 있기에 현재가 있고, 현재가 있기에 미래가 있다고 말할 수 있겠지요.

・お客様あっての商売ですから真心込めたサービスを提供したいです。
손님이 있어야 장사가 되는 것이니 정성을 담아 서비스를 제공하고 싶습니다.

～があってのこと
~가 있어서 한 것, ~가 있어서인 것

· 彼がそんな行動をしたのは何か事情があってのことだと思う。

그가 그런 행동을 한 것은 뭔가 사정이 있기 때문이라고 생각한다.

· 今まで支持してくれた人が反対するのは理由があってのことだ。

지금까지 지지해 준 사람이 반대하는 것은 이유가 있어서일 것이다.

· ビジネスはいつも相手があってのことだから自分の立場だけを主張

してはいけない。

비즈니스는 항상 상대가 있어야 성립하는 것이므로 자신의 입장만을 주장해서는 안 된다.

● 「～あっての」가 들어간 관용 표현 중에 「命あっての物種」가 있다. '목숨이 제일이다, 우선 살고 봐야 한다, 목숨을 부지해야만 어떤 일이라도 할 수 있다'라는 뜻이다.

· 「命あっての物種」というから命を守るためには何でも捨てるつもり

でいなさい。

'목숨이 제일이다'라고 하니 목숨을 지키기 위해서는 무엇이든 버릴 생각으로 있어라.

● 조사 「こそ」를 넣어 강조해서 쓰기도 한다.

· 健康あってこその人生の喜びだ。 건강해야 인생의 기쁨이 있다.

· 全社員の協力あってこその事業だ。 전 사원의 협력이 반드시 필요한 사업이다.

· 努力あってこその結果です。 노력이 있어야 결과가 나옵니다.

いかんで(は)

~여부에 따라(서는), ~여하에 따라(서는)

앞에서 언급한 것(정도, 종류 등)이 어떻게 되는가에 따라 뒤에 오는 내용이 변화한다는 것을 나타낼 때 사용한다.「いかんによっては ~여하에 따라서는」등의 형태로도 쓸 수 있다.

명사 (+の) **+ いかんで(は)**

- 秋の天候いかんで野菜の値段が大幅に上がるかもしれない。
  가을 날씨 여하에 따라 채소 가격이 큰 폭으로 오를지도 모른다.

- 代表者の考えいかんで方針が変わる組織は民主的とは言えない。
  대표자의 생각 여하에 따라 방침이 바뀌는 조직은 민주적이라고는 할 수 없다.

- 文章の書き方いかんでは読んだ人が誤解することもあります。
  글의 작성 방법 여하에 따라서는 읽는 사람이 오해하는 경우도 있습니다.

- 新製品の売り上げいかんではボーナスを期待してもいいでしょう。
  신제품의 매출 여하에 따라서는 보너스를 기대해도 좋겠지요.

- 台風の進路いかんによっては学校を休みにすることも考えられる。
  태풍의 진로가 어떻게 되는가에 따라서는 학교를 휴교로 하는 것도 생각할 수 있다.

- 視聴者の反応いかんによってはドラマの内容が初めの台本と変わることがある。
  시청자의 반응에 따라서는 드라마 내용이 처음 대본과 달라지는 경우가 있다.

～いかんでは VS ～によっては VS ～次第では

文章体인「～いかんでは」대신, 회화에서는「～によっては ~에 따라서는」,「～次第で
は ~에 따라서는」를 쓸 수 있다.

・ 話し方いかんでは相手が誤解するかもしれない。
  말투에 따라서는 상대방이 오해할 수도 있다.

・ 視聴率いかんでは番組の存続が決まることもある。
  시청률 여하에 따라서는 프로그램의 존속이 결정되는 경우도 있다.

・ 旅行の日程によっては一緒に行けるかもしれない。
  여행 일정에 따라서는 함께 갈 수 있을지도 모른다.

・ データの利用量によっては今よりずっと安くなるプランもあります。
  데이터 이용량에 따라서는 지금보다 훨씬 저렴해지는 플랜도 있습니다.

・ 申し込む人の数次第では締め切りが早くなることも遅くなることも

  ある。 신청자 수에 따라서는 마감이 빨라지는 경우도, 늦어지는 경우도 있다.

・ 相手の返事次第では契約の成立が難しくなる可能性がある。
  상대방의 답변 여하에 따라서는 계약의 성립이 어려워질 가능성이 있다.

いかんにかかわらず

~여부에 관계없이, ~여하에 상관없이

앞의 것이 어떻든 그것과 관계없이 뒤의 일이 성립함을 나타낼 때 사용하는 표현이다.

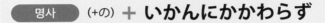

명사 (+の) **＋ いかんにかかわらず**

- 審査の結果いかんにかかわらず書類は返還しないことになっています。 심사 결과 여하에 상관없이 서류는 반환하지 않게 되어 있습니다.

- 事情のいかんにかかわらず当日のキャンセルは返金できません。
  사정 여하에 관계없이 당일 취소는 환불되지 않습니다.

- 場所のいかんにかかわらず指定エリア以外ではすべて禁煙です。
  장소 여하에 상관없이 지정 구역 이외에는 모두 금연입니다.

- 価格のいかんにかかわらず消費期限が切れれば廃棄する。
  가격 여하에 상관없이 소비 기한이 지나면 폐기한다.

- 理由のいかんにかかわらず研修の欠席は認めない。
  이유 여하에 관계없이 연수의 결석은 인정하지 않는다.

～いかんにかかわらず VS ～いかんによらず

두 표현 모두 의미와 용법이 유사하다. 예문을 통해 익혀 두자.

・ 応募方法のいかんにかかわらず締め切りは守ってください。

응모 방법 여하에 상관없이 마감은 지켜 주세요.

・ 参加者数のいかんにかかわらず予定通り実施します。

참가자 수 여하에 상관없이 예정대로 실시합니다.

・ 天候のいかんにかかわらずマラソンは午前10時にスタートします。

날씨 여하에 상관없이 마라톤은 오전 10시에 시작합니다.

・ 年齢や経験のいかんによらず意欲ある人を求める。

나이와 경험 여하를 막론하고 의욕 있는 사람을 구한다. (찾는다.)

・ トッピングのいかんによらず値段は全部同じです。

토핑 여하를 막론하고 가격은 전부 같습니다.

・ 季節のいかんによらず年間を通し一定の訪問客がいます。

계절 여하를 막론하고 연중 내내 일정한 방문객이 있습니다.

かぎりだ

~하기 그지없다, 너무 ~하다

말하는 사람이 자신의 감정이나 마음 상태를 강조할 때 쓰는 표현이다.

い형용사	기본형	**+ 限りだ**
な형용사	어간 + な	

- 宝くじで1等が当たるなんてうらやましい限りです。
  복권으로 1등에 당첨되다니 부러울 따름입니다.

- ずっと連絡できなかった友達と10年ぶりに会う。嬉しい限りだ。
  계속 연락하지 못했던 친구와 10년만에 만난다. 기쁘기 그지없다.

- 一人で誰も知らない町で生活しているが本当に心細い限りだ。
  혼자서 아무도 모르는 동네에서 생활하고 있는데 정말 불안하기 짝이 없다.

- 決勝まで行けなかったのは残念な限りです。
  결승까지 가지 못한 것은 너무 아쉬울 따름입니다.

- 高齢者問題は深刻な限りで対策が急がれている。
  고령자 문제는 너무 심각하여 대책이 시급하다.

- この頃、殺人事件が続いています。本当に物騒な限りです。
  요즘 살인 사건이 잇따르고 있습니다. 정말로 뒤숭숭하기 짝이 없습니다.

~ことこの上ない

'~하기 이를 데 없다, ~하기 짝이 없다, ~이상의 것은 없다'라는 의미의 문장체 표현이다.
감정을 강조하는 표현이라는 점에서 「~限りだ」와 유사하다. 「い형용사 기본형 + ことこの上ない」, 「な형용사 어간 + な + ことこの上ない」로 활용한다.

- 就職が決まって嬉しいことこの上ない。

  취직이 결정되어 기쁘기 짝이 없다.

- フランス語の文法は難しいことこの上ない。

  프랑스어 문법은 어렵기 그지없다.

- あの先生の授業は厳しいことこの上ありません。

  저(그) 선생님의 수업은 엄격하기 짝이 없습니다.

- 就業ビザの申請手続きは複雑なことこの上ない。

  취업 비자 신청 절차는 복잡하기 짝이 없다.

- ホテルの部屋は快適なことこの上ない。

  호텔 방은 쾌적하기 이를 데 없다.

- あの人のやり方はいい加減なことこの上ありません。

  그 사람의 방식은 무책임하기 짝이 없습니다.

かたがた

~할 겸, ~겸사겸사

하나의 행동으로 두 가지 목적을 이루고자 할 때 사용하는 표현이다. 유사 표현으로 「〜を兼ねて ~을 겸하여」가 있다.

명사 **+ かたがた**

- 引っ越しの挨拶かたがたアパートの管理人室へ行ってゴミを出す日を聞いた。 이사 인사할 겸 아파트 관리실에 가서 쓰레기 배출일에 대해 물었다.

- 友達に子供が生まれたのでお祝いかたがた子供の顔を見に行った。
  친구에게 아이가 태어났기 때문에 축하할 겸 아기의 얼굴을 보러 갔다.

- 卒業式の後、これまでお世話になった人達にお礼かたがた挨拶をした。 졸업식 후 그동안 신세를 진 사람들에게 감사의 말씀을 드릴 겸 인사를 했다.

- 相手チームに関する情報収集かたがたそのチームの試合を観戦した。
  상대팀에 관한 정보 수집 겸 그 팀의 경기를 관전했다.

- 外国から友達が遊びに来たので案内かたがた町のいろいろなところを回った。 외국에서 친구가 놀러 와서 안내할 겸 동네 여기저기를 돌아다녔다.

- 最近運動不足なので散歩かたがた公園を一周してみた。
  요즘 운동 부족이라 산책할 겸 공원을 한 바퀴 돌아보았다.

〜かたがた VS 〜を兼ねて

● 「〜かたがた」는 「〜を兼ねて ~을 겸하여」로 바꿔서 쓸 수 있다.

· 入院した友人にお見舞いかたがた先生の手紙を渡した。

= 入院した友人にお見舞いを兼ねて先生の手紙を渡した。

입원한 친구에게 병문안 겸 (병문안을 겸해) 선생님의 편지를 건네주었다.

· 今回のことでお詫びかたがたご相談するつもりです。

= 今回のことでお詫びを兼ねてご相談するつもりです。

이번의 일로 사과할 겸(사과를 겸해) 상의드릴 생각입니다.

● 단, 「〜を兼ねて」 앞에는 두 개 이상의 명사가 와도 괜찮지만 「〜かたがた」는 그렇지 않다. 표현을 바꿔 쓰면 어색해지는 경우를 예문을 통해 살펴보자.

○ 趣味と実益を兼ねて翻訳の仕事をしている。

취미와 실익(수익)을 겸해 번역 일을 하고 있다.

✕ 趣味と実益かたがた翻訳の仕事をしている。

○ 健康維持と気分転換を兼ねて毎朝散歩をすることにした。

건강 유지와 기분 전환을 겸해 매일 아침 산책을 하기로 했다.

✕ 健康維持と気分転換かたがた毎朝散歩をすることにした。

○ この店は薬局と本屋を兼ねて営業している。

이 가게는 약국과 서점을 겸해 영업하고 있다.

✕ この店は薬局と本屋かたがた営業している。

かたわら

~는 한편(으로)

어떤 동작을 하는 한편으로, 병행하여 다른 동작을 하는 것을 나타낼 때 사용한다. 직업처럼 오랫동안 지속되는 동작에 대해 말하는 경우가 많다. 명사의 경우 「する」를 붙이면 동사가 되는 동작성 명사에 「の」를 붙여 활용한다.

동사	기본형	
명사	-の	**+かたわら**

- 彼は学校に勤めるかたわらボランティア活動も熱心にしている。

  그는 학교에 근무하는 한편으로 자원봉사 활동도 열심히 하고 있다.

- 鈴木さんは趣味で手芸をするかたわら、その製品をネットで販売している。

  스즈키 씨는 취미로 수예를 하는 한편, 그 제품을 인터넷에서 판매하고 있다.

- 彼は飲食店経営のかたわら、食に関するエッセイも書いている。

  그는 음식점을 경영하면서 음식에 관한 에세이도 쓰고 있다.

- 本業のかたわら副業を持たなければ生活が苦しい。

  본업을 하면서 부업을 갖지 않으면 생활이 어렵다.

- 優秀な営業社員は営業のかたわら顧客管理をおろそかにしないでチェックする。

  우수한 영업 사원은 영업 활동을 하면서 고객 관리를 소홀히 하지 않고 체크한다.

● 일상 회화에서는 「~ながら ~하면서」를 많이 쓴다.

・旅先_{たびさき}でスケッチをするかたわらグルメの紹介_{しょうかい}もします。

= 旅先_{たびさき}でスケッチしながらグルメの紹介_{しょうかい}もします。

  여행지에서 스케치를 하면서 맛집 소개도 합니다.

● 「かたわら」는 먼저 나오는 행동의 주어와 뒤에 오는 행동의 주어가 동일해야 하며,
  주어가 다를 경우에는 「一方_{いっぽう}(で) ~하는 한편(으로)」를 쓰면 된다.

✕ 田中_{たなか}さんがテニスをするかたわら、山田_{やまだ}さんはサッカーをする。

➜ 田中_{たなか}さんがテニスをする一方_{いっぽう}、山田_{やまだ}さんはサッカーをする。

  다나카 씨가 테니스를 치는 한편, 야마다 씨는 축구를 한다.

● 단, 「~ながら」는 명사에 접속할 수 없다.

✕ 飲食店経営_{いんしょくてんけいえい}のながら、食_{しょく}に関_{かん}するエッセイも書_かいている。

➜ 彼_{かれ}は飲食店_{いんしょくてん}を経営_{けいえい}しながら、食_{しょく}に関_{かん}するエッセイも書_かいている。

  그는 음식점을 경영하면서 음식에 관한 에세이도 쓰고 있다.

✕ 彼_{かれ}はAI研究_{けんきゅう}のながら、AIを応用_{おうよう}したロボットの実験_{じっけん}も続_{つづ}けている。

➜ 彼_{かれ}はAIを研究_{けんきゅう}しながら、AIを応用_{おうよう}したロボットの実験_{じっけん}も続_{つづ}けている。

  그는 AI를 연구하면서 AI를 응용한 로봇 실험도 계속하고 있다.

がてら

~하는 김에, ~할 겸

어떤 행위를 하면서 추가로 다른 행위를 할 때, 어떤 행위를 함으로써 결과적으로 다른 일도 하게 된다는 것을 나타낼 때 사용하는 표현이다. 명사의 경우 「する」를 붙이면 동사가 되는 동작성 명사와 함께 쓴다.

동사 + ます형 ⌉
명사 ⌋ + がてら

- 図書館に本を返しがてら最新の雑誌を読んでくるつもりだ。
  도서관에 책을 반납하는 김에 최신 잡지를 읽고 올 생각이다.

- 車の古い部品を交換しがてら他の部品も点検する予定です。
  차의 오래된 부품을 교환하는 김에 다른 부품도 점검할 예정입니다.

- 同窓会の出席を確かめがてら同級生に電話してみた。
  동창회 출석을 확인할 겸 동창생들에게 전화해 봤다.

- 観光がてら東京に住む友人に会ってきます。
  관광할 겸 도쿄에 사는 친구를 만나고 오겠습니다.

- 花見がてら川に沿った散歩道を歩いてみませんか。
  꽃구경할 겸 강을 따라 산책로를 걸어 보지 않을래요?

- 買い物も通勤も運動がてら自転車を利用しています。
  쇼핑도 출퇴근도 운동할 겸 자전거를 이용하고 있습니다.

～ついでに

유사 표현인 「～ついでに ~하는 김에, ~하는 차에」는 '어떤 일을 할 기회를 이용하여 추가로 다른 일도 한다'고 할 때 쓰며, 「～がてら」보다는 회화체 표현이다. 「동사 보통형 + ついでに」, 「명사 + の + ついでに」의 형태로 접속해서 사용한다.

・ 宿題をするついでに授業の予習もした。
  숙제를 하는 김에 수업의 예습도 했다.

・ 図書館で本を借りるついでに必要な資料のコピーもした。
  도서관에서 책을 빌리는 김에 필요한 자료의 복사도 했다.

・ 大阪まで遊びに行ったついでに名物もたくさん買ってきました。
  오사카까지 놀러 간 김에 명물도 많이 사 왔습니다.

・ 病院で血液を検査したついでに生活習慣病の診断もしてもらった。
  병원에서 혈액을 검사한 김에 생활 습관병 진단도 받았다.

・ 原稿の修正のついでに不要な部分は全部削除することにした。
  원고를 수정하는 김에 불필요한 부분은 전부 삭제하기로 했다.

・ ホームページ更新のついでにブログもアップデートした。
  홈페이지를 갱신(업데이트)하는 김에 블로그도 업데이트했다.

・ ここに出せば古紙回収のついでに小型電気製品なども持って行って
  くれる。 이곳에 내놓으면 폐지 수거를 하는 김에 소형 가전제품 등도 가져가 준다.

・ 先生の自宅訪問のついでに昔通っていた中学校にも行ってみた。
  선생님 자택을 방문하는 김에 옛날에 다녔던 중학교에도 가 봤다.

からある / からする

~(씩)이나 되는 / ~이나 드는, ~이나 하는

수량을 나타내는 말에 붙여서 '대체로 그 정도' 또는 '그 이상'이라는 의미로 사용된다. 일반적으로 무게, 길이, 크기에는 「〜からある」가 쓰이고 가격에는 「〜からする」가 쓰인다.

명사 + **からある / からする**

- 重さが5トンからある大型トラックが道にずらりと並んでいる。
  무게가 5톤이나 되는 대형 트럭이 길가에 즐비하게 서 있다.

- バスケットボールでは身長が2mからある選手が大活躍します。
  농구에서는 키가 2m씩이나 되는 선수가 맹활약합니다.

- 学校から家まで往復10キロからある道を毎日歩いて通っていた。
  학교에서 집까지 왕복 10km나 되는 길을 매일 걸어서 다녔다.

- 毎月10万円からする家賃の負担は大きすぎます。
  매달 10만 엔이나 드는 월세 부담은 너무 큽니다.

- 普通の会社員には1,000円からするランチを選ぶのは勇気が要る。
  보통의 직장인에게는 1,000엔이나 하는 점심을 고르는 것은 용기가 필요하다.

- いくら金持ちでも300万円からする指輪を簡単に買うのを見ていると腹が立つ。
  아무리 부자라도 300만 엔이나 하는 반지를 쉽게 사는 것을 보고 있자니 화가 난다.

인원수나 자산 등의 수량을 강조하기 위해「〜からの + 명사」또는「〜もの + 명사」도 사용하는데, 뉴스 등에서 자주 나오는 표현이다. 회화에서 많이 사용되는 표현은「〜も ~이나」이다.

・戦争は数万人からの犠牲者を生み、数十万人もの難民を作り出す。
전쟁은 수만 명이나 되는 희생자를 낳고, 수십만 명이나 되는 난민을 만들어 낸다.

・今度のトンネル事故では20人からの人が救急車で病院に運ばれた。
이번 터널 사고에서는 20명이나 되는 사람이 구급차로 병원에 옮겨졌다.

・テレビドラマでは50億円からの財産を巡って家族の争いが続いている。
TV 드라마에서는 50억 엔이나 되는 재산을 둘러싸고 가족의 다툼이 계속되고 있다.

・今度の地震で何万人もの人が家を失った。
이번 지진으로 몇만 명이나 되는 사람이 집을 잃었다.

・スポーツ大会を運営するのには数億円もの費用がかかります。
스포츠 대회를 운영하는 데에는 수억 엔이나 되는 비용이 듭니다.

・彼は100万人もフォロワーがいる有名なユーチューバーです。
그는 100만 명이나 팔로워가 있는 유명한 유튜버입니다.

きらいがある

~하는 경향이 있다

'그런 경향이 있다', '그렇게 되기 쉽다'는 의미를 나타내며 좋지 않은 일에 쓰는 표현이다. 자연 현상이나 자신에 대해서는 쓰지 않는다.

동사	기본형 / 부정형	
명사	-の	+ きらいがある

- 高齢者は新しいことへの挑戦を避けるきらいがある。

  고령자는 새로운 것에 대한 도전을 피하는 경향이 있다.

- 彼は何でも考えすぎるきらいがあるがもっと単純に考えればいい。

  그는 매사에 지나치게 깊이 생각하는 경향이 있는데 좀 더 단순하게 생각하면 좋겠다.

- あの人はどうも他の人の話を聞かないきらいがあります。

  저 사람은 아무래도 다른 사람의 말을 듣지 않는 경향이 있습니다.

- 日本社会ではまだ実力より学歴重視のきらいがあるようだ。

  일본 사회에서는 아직 실력보다 학력을 중요시하는 경향이 있는 것 같다.

- 木村さんはどうも潔癖症のきらいがあると思います。

  기무라 씨는 아무래도 결벽증 경향이 있다고 생각합니다.

- どうも小学生の親は過保護のきらいがあるように思える。

  아무래도 초등학생 부모님은 과잉 보호 경향이 있다고 생각된다.

～きらいがある vs ～がちだ

● 두 표현 모두 '나쁜 경향이 있다'는 것을 나타내지만,「～がちだ 자주 ~하다, ~하기 십
  상이다」는 개인의 습관이나 행동, 자연 현상에 대해서 사용 가능하고「～きらいがあ
  る」는 일반적인 현상, 사회적인 현상에 대해서 많이 사용된다.

· 人は歳を取ると新しいことに興味がなくなるきらいがある。

  사람은 나이를 먹으면 새로운 것에 흥미가 없어지는 경향이 있다.

· 選挙のたびに投票率が下がるきらいがある。

  선거 때마다 투표율이 떨어지는 경향이 있다.

· 電車の中では話す声が大きくなるきらいがある。

  전철 안에서는 말하는 소리가 커지는 경향이 있다.

· 彼は子供の時は病気がちだった。

  그는 어렸을 때는 병이 잦았다.

· 平日は留守がちだから週末に行ったほうがいい。

  평일에는 집에 없을 때가 많아서 주말에 가는 편이 좋다.

· 今週は曇りがちだが雨は降らないようだ。

  이번 주는 자주 흐리지만 비는 내리지 않을 것 같다.

● 좋지 않은 일이 아닐 경우에는「～ことが多い ~것이(경우가) 많다」라는 표현을 쓰는
  게 자연스럽다.

○ 日本人は握手よりおじぎをすることが多い。

  일본인은 악수보다 고개를 숙여 인사를 하는 경우가 많다.

✕ 日本人は握手よりおじぎをするきらいがある。

✕ 日本人は握手よりおじぎをしがちだ。

きわまる

지나치게 ~하다, ~하기 짝이 없다

더 이상 이를 데가 없을 정도로 극에 달해 있음을 나타낼 때 쓰는 표현이다. 이 형태로 사용할 수 있는 단어가 정해져 있고, 주로 부정적인 뉘앙스로 사용되는 문장체 표현이다.

> な형용사 어간 + 極まる

- 政府がそんな愚か極まる決定をしたことが信じられない。

  정부가 그런 어리석기 짝이 없는 결정을 했다는 것이 믿기지 않는다.

- 免許証の更新には煩瑣極まる書類提出が必要です。

  면허증 갱신에는 번거롭기 짝이 없는 서류 제출이 필요합니다.

- そんな勝手極まる考え方では相手を説得できません。

  그런 지극히 자기 멋대로인 사고방식으로는 상대방을 설득할 수 없습니다.

- その会社の強引極まる販売方法は国会でも取り上げられた。

  그 회사의 지나치게 강압적인 판매 방법은 국회에서도 거론되었다.

- ここからの雄大極まる眺めは日本のどこを探してもないでしょう。

  여기서의(여기서 보이는) 웅장한 경치는 일본 어디를 찾아봐도 없을 거예요.

- その言い方は目上の人に無礼極まる表現になります。

  그 말투는 윗사람에게 무례하기 짝이 없는 표현이 됩니다.

~極^{きわ}まりない

「~極^{きわ}まる」와 동일한 의미이지만「~極^{きわ}まりない」가 좀 더 정도가 강하게 느껴지는 표현이다. '~하기 이를 데 없다, ~하기 짝이 없다, ~보다 더한 것은 없다'라는 뜻의 유사 표현으로「~限^{かぎ}りだ」,「~ことこの上^{うえ}ない」가 있다. (004「かぎりだ」참고)

· 大雨^{おおあめ}が降^ふったあと山道^{やまみち}を車^{くるま}で走^{はし}るのは危険^{きけん}極^{きわ}まりない。
폭우가 내린 후 산길을 차로 달리는 것은 매우 위험하다.

· 知^しらない人^{ひと}にそんなことを聞^きくなんて非常識^{ひじょうしき}極^{きわ}まりない。
모르는 사람에게 그런 것을 묻다니 몰상식하기 짝이 없다.

· 会議中^{かいぎちゅう}にスマホを見^みているなんて失礼^{しつれい}極^{きわ}まりないことです。
회의 중에 스마트폰을 보고 있다니 너무 예의 없는(무례한) 일입니다.

· 何度^{なんど}も会^あっているのにまだ名前^{なまえ}も覚^{おぼ}えていないとは不愉快^{ふゆかい}極^{きわ}まりない。
몇 번이나 만났는데도 아직 이름도 기억하지 못하다니 불쾌하기 짝이 없다.

· 客^{きゃく}に対^{たい}して不作法^{ぶさほう}極^{きわ}まりない態度^{たいど}を取^とる職員^{しょくいん}を厳^{きび}しく注意^{ちゅうい}した。
손님에게 무례하기 짝이 없는 태도를 취한 직원에게 엄격하게 주의를 주었다.

· ここは近^{ちか}くにコンビニもなくて不便^{ふべん}極^{きわ}まりない。
여기는 근처에 편의점도 없어서 불편하기 짝이 없다.

· 清潔^{せいけつ}極^{きわ}まりない部屋^{へや}にいるとかえって落^おち着^つかない。
지나치게 청결한 방에 있으면 오히려 안정이 안 된다.

· お年寄^{としよ}りの中^{なか}に言葉遣^{ことばづか}いが丁寧^{ていねい}極^{きわ}まりない人^{ひと}がいる。
어르신 중에 말투가 너무 공손한 분이 있다.

ごとく

~같이, ~처럼, ~듯이

「〜ように ~같이, ~처럼」와 의미가 같은 예스러운 문장체 표현이다. 어떤 행동이나 사물을 다른 것으로 비유할 때 사용한다.

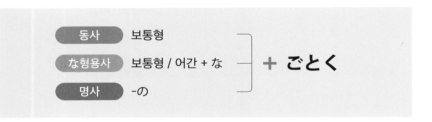

- 説明書に書いてあるごとく原産地は南アメリカに限定される。
  설명서에 쓰여 있듯이 원산지는 남아메리카에 한정된다.

- 水が方円の器に従うごとく自分を環境に合わせることも必要だ。
  물이 네모나고 둥근 그릇에 (형태가) 따르듯이 자신을 환경에 맞추는 것도 필요하다.

- 海は無限なごとく続き、どこまでも広がっているようだった。
  바다는 무한한 것처럼 이어져, 끝없이 펼쳐져 있는 것 같았다.

- その絵に描かれた人物は憂鬱なごとく暗い表情で遠くを見つめていた。 그 그림에 그려진 인물은 우울한 듯이 어두운 표정으로 먼 곳을 응시하고 있었다.

- 契約書は下記のごとく双方署名のうえ各1通を保管するものとする。
  계약서는 아래와 같이 서로 서명한 후 각 1통을 보관하기로 한다.

- 先生は戦争をまるで人間の本能のごとく説明する。
  선생님은 전쟁을 마치 인간의 본능처럼 설명한다.

～ごとき

동일한 비유 표현인「～ごとき ~같은, ~처럼, ~한」는 뒤에 명사가 오고, 그 외에는「～ごとく」가 온다.「명사 + のごとき + 명사」의 형태로 사용된다. 또한「～ごとき」에는 '따위'와 같이 대상을 낮춰 말하는 뉘앙스도 있다.

- ひまわりのごとき笑顔　해바라기 같은 웃는 얼굴

- 氷のごとき表情　얼음 같은 표정

- 伝説のごとき選手　전설 같은 선수

- 昼間のごとき明るさ　낮과 같은 밝기

- モデルのごとき着こなし　모델 같은 옷맵시

- 子供ごときに負けるわけにはいかない。
  어린애 따위에게 질 수는 없다.

- 私ごとき者が先生とご一緒できて光栄です。
  저 같은 사람이 선생님과 함께 할 수 있다니 영광입니다.

- アルバイトごときにこの仕事は任せられない。
  아르바이트(생) 따위에게 이 일은 맡길 수 없다.

- 新人ごときに先を越されて悔しいです。
  신인 따위에게 선수를 빼앗겨서 분합니다.

- 危険な道を初心者ごときに運転させられない。
  위험한 길을 초보자 따위에게 운전하게 할 수 없다.

こととて

~라고 생각하고, ~기 때문에

손윗사람이나 민폐를 끼친 상대에게 사죄할 때 등에 쓰는 표현으로, 격식을 차릴 때 사용한다. 「～ですから ~기 때문에」, 「～ということで ~라는 이유로」라는 표현을 쓰면 '그래서 당연히 이렇게 됐다'라고 변명하는 느낌이 들기 때문에, 완곡하면서도 예스러운 「～こととて」를 사용하는 경우도 있다.

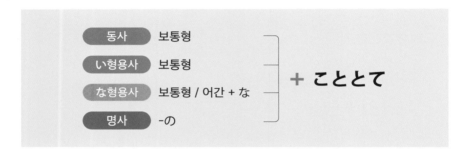

동사	보통형	
형용사	보통형	
な형용사	보통형 / 어간 + な	+ こととて
명사	-の	

・子供がやったこととてどうか大目に見てください。
아이가 한 일이니 제발 너그럽게 봐 주세요.

・知らないこととてご迷惑をおかけしたとしたら申し訳ありません。
모르는 일이라서 폐를 끼쳤다면 죄송합니다.

・足元が暗いこととて気を付けてお帰りください。
발밑이 어두우니 조심히 돌아가세요.

・重大なこととて自分一人の判断では決められなかった。
중대한 일이라 나 혼자만의 판단으로는 결정할 수 없었다.

・担当者が不在のこととて詳しいことは後ほどお知らせいたします。
담당자가 부재중이라 자세한 사항은 추후에 알려 드리겠습니다.

～ということで

「～こととて」가 너무 예스러운 표현이기 때문에 실제 회화에서는 「～ということで ~라는 이유로, ~라고 해서, ~이기 때문에」를 많이 쓴다. 이때 접속 형태는 약간 달라지는 데 동사와 い형용사는 동일하고, な형용사에 접속할 때는 보통형, 명사에 접속할 때는 「の」 없이 바로 「～ということで」를 붙인다.

· 明日会うということで今の仕事のことも聞いてみます。
내일 만나기 때문에 지금의 일에 대해서도 물어보겠습니다.

· 今スペイン語を習っているということでいつか南米に行きたいそうです。
지금 스페인어를 배우고 있어서 언젠가 남미에 가고 싶다고 합니다.

· そのドラマが面白いということで毎週欠かさず見ているそうだ。
그 드라마가 재미있어서 매주 빠짐없이 보고 있다고 한다.

· ランチが少し物足りなかったということで3時におやつを食べた。
점심이 조금 부족했기 때문에 세 시에 간식을 먹었다.

· 今後成長していく理由があやふやだということで投資はしないこと

にした。 앞으로 성장해 나갈 이유가 불확실하기 때문에 투자는 하지 않기로 했다.

· アイデアが画期的だということで皆の注目を集めている。
아이디어가 획기적이라는 점에서 모두의 주목을 받고 있다.

· 新人ということで厳しく指導をお願いします。
신인이기 때문에 엄격하게 지도를 부탁드립니다.

· 3年目ということでもう仕事にも慣れたと思います。
3년 째라서 이제 업무에도 익숙해진 것 같습니다.

しまつだ

~하게 되다, ~하는 지경이다, ~하는 꼴이다

어떤 상황의 원인을 열거하거나 경과를 설명하면서 '결국(급기야) ~하게 되었다'고 말할
때 쓰는 표현이다. 피해를 입은 경우나 좋지 않은 결과에 대해서 사용한다.

동사　기본형 **+ 始末だ**

・そのチームは主力選手が怪我で脱落したため予選で敗れる始末だ。

그 팀은 주전 선수가 부상으로 탈락하는 바람에 예선에서 패배하게 되었다.

・夏気温が低く雨が多かったせいで野菜が育たず、価格が2倍になる
始末だ。

여름에 기온이 낮고 비가 많았던 탓에 채소가 잘 자라지 않아 가격이 두 배가 되었다.

・最近の若者はマナーについて注意すると逆に怒り出す始末だ。

요즘 젊은이들은 매너에 대해 주의를 주면 오히려 화를 내는 형편이다.

・トラブルが起きてもすぐ処理しなかったため皆が苦労する始末だ。

트러블이 생겨도 바로 처리하지 않았기 때문에 모두가 고생하는 지경이 되었다.

・彼はいつもお金にルーズで給料日前は人に借りる始末だ。

그는 항상 돈 관리 개념이 흐릿해서 월급날 전에는 남에게 빌리는 형편이다.

・まだ結婚していくらも経たないのに毎日喧嘩が続いて結局離婚す
る始末だ。

아직 결혼한 지 얼마 되지도 않았는데 매일 싸움이 계속되어 결국 이혼하게 되었다.

● 「始末」는 '일의 처음과 끝(시말), 전말, 자초지종, (나쁜 결과로서의) 사정, 형편'이라
　는 의미와 함께 '일의 매듭, (뒤)처리, 정리'라는 의미도 있다. 예문을 통해 익혀 보자.

・火の始末をする。 불을 끄다. (불단속을 하다.)

・このゴミは後で始末しておきます。 이 쓰레기는 나중에 치워 두겠습니다.

・パーティーの後始末をきちんとしてください。
　파티의 뒷정리를 제대로 해 주세요.

・イヌのフンは飼い主が始末すべきです。 강아지 똥은 주인이 처리해야 합니다.

・秘密を知った人間を始末する。 비밀을 안 인간을 처치하다.

● 그 밖에 「始末」가 들어간 다양한 표현을 익혀 보자.

・事故を起こしたので始末書を書くことになった。
　사고를 일으켰기 때문에 시말서(경위서)를 쓰게 되었다.

・私の失敗から不始末を起こし大変申し訳ありませんでした。
　제 실수로 불상사를(불미스러운 일을) 일으켜 대단히 죄송합니다.

・その人は乱暴で始末に負えない。
　그 사람은 난폭해서 감당할 수가 없다.

・壊れやすいうえに修理もできないと言うから始末が悪い。
　고장 나기 쉬운 데다가 수리도 할 수 없다고 하니 다루기 어렵다.

ずくめ

~투성이, ~일색

'어떤 것으로 가득 차 있다, 어떤 것으로만 이루어져 있다'는 것을 나타내는 표현이다. 주로 좋은 내용, 경사스러운 일에 사용되지만, 부정적인 내용에도 사용 가능하다. 연결할 수 있는 표현이 한정되어 있기 때문에 단어로서 외워 두는 것이 좋다.

명사 ＋ ずくめ

・この製品はデザインが良く機能も充実していて値段も他より安く
いいことずくめだ。
이 제품은 디자인이 좋고 기능도 알차고 가격도 다른 것보다 싸고 좋은 점뿐이다.

・結婚式だからといって全身黒ずくめの服装とはちょっとやりすぎ
です。 결혼식이라고 해도 전신 검은색 일색의 복장이라니 좀 지나칩니다.

・結婚して3か月ですが毎日が幸せずくめの日々です。
결혼한 지 3개월이 지났지만 매일 행복이 가득한 나날입니다.

・今月は友人の結婚、出産、昇進とおめでたいことずくめだった。
이번 달은 친구의 결혼, 출산, 승진으로 경사스러운 일뿐이었다.

・今週は毎日のように会議ずくめで疲れてしまう。
이번 주는 매일같이 회의가 계속되어서 지쳐 버린다.

・この会社は細かいことまで規則ずくめでうんざりです。
이 회사는 세세한 것까지 규칙투성이라 지겹습니다.

● 「〜ずくめ」는 쓸 수 있는 표현이 한정되어 있기 때문에 일상 회화에서는 「〜ばかり」를 사용할 수 있다. 왼쪽 예문 중 명사 수식형의 「黒ずくめの 검은색 일색의, 검은색투성이의」,「幸せずくめの 행복이 가득한, 행복할 뿐인」 외에는 모두 「〜ばかり」로 바꿔 쓸 수 있다.

・今週は毎日会議ずくめで疲れてしまう。

　이번 주는 매일 회의가 계속되어 지쳐 버린다. (피곤하다.)

＝ 今週は毎日会議ばかりで疲れてしまう。

　이번 주는 매일 회의만 해서 지쳐 버린다. (피곤하다.)

～まみれ VS ～づくし VS ～だらけ

● 「〜まみれ」는 어떤 것이 그 대상 전체를 지저분하게 덮어 버리고 있다는 의미로, 주로 액체나 가루 등에 쓰인다.

・ほこりまみれ　먼지투성이　　・あかまみれ　때범벅

・泥まみれ　진흙투성이　　・汗まみれ　땀범벅, 땀투성이

・油まみれ　기름범벅　　・血まみれ　피범벅, 피투성이

● 「〜づくし」는 요리에 관련된 표현이 많은데, 어떤 재료를 사용해서 다양한 종류의 요리를 (풀코스로) 제공하는 경우에 많이 사용한다. 또한, '있는 모든 것을 다한다'는 의미도 있다.

・タイづくし　도미 요리 일색　　・マツタケづくし　송이 요리 일색

・カニづくし　게 요리 일색　　・心づくし　정성을 다함

● 「〜だらけ」도 사용 표현이 한정적이며, 부정적인 의미로 사용되는 경우가 많다.

・泥だらけ　진흙투성이　　・間違いだらけ　오류투성이

・傷だらけ　상처투성이　　・しわだらけ　주름투성이

ずにはおかない /
ないではおかない

~하지 않고 내버려두지 않는다, ~하게 한다(만든다)

'가만히 놔두지 않는다(않겠다)', '반드시 그렇게 하겠다'라고 하는 강한 의지를 나타내는 표현이다. 사역형과 함께 사용할 경우에는 말하는 사람의 의지를 표현하지만, 의지와 상관없이 감정이 저절로 일어나거나 억제할 수 없을 때도 사용한다.

동사	**ない형**	**+** **ずにはおかない** **ないではおかない**

- 試合では当然相手の弱点を攻撃しないではおかない。

  시합에서는 당연히 상대의 약점을 공격하지 않을 수 없다.

- こんな酷いことをした以上、ちゃんと謝らせずにはおかない。

  이런 심각한 일을 저지른 이상, 제대로 사과하게 만들 것이다.

- 会社の信用を傷つけたので何らかの処罰を与えずにはおかないで

  しょう。 회사의 신용을 손상시켰기 때문에 뭔가 처벌하지 않을 수 없을 겁니다.

- 彼のピアノ演奏は聴く人たちを感動させないではおかなかった。

  그의 피아노 연주는 듣는 사람들을 감동하지 않을 수 없게 만들었다. (감동시켰다.)

- その人の態度や行動が周囲の人に不信感を抱かせずにおかないよ

  うです。 그 사람의 태도나 행동이 주위 사람들에게 불신감을 갖게 만드는 같아요.

다음은 의미가 유사한 표현이다. 예문을 통해 뉘앙스를 익혀 보자.

~ずにはすまない　　~하지 않고는 끝나지 않는다, 반드시 ~해야 한다

'사회적 통념상(의무상) 꼭 해야 한다', 또는 '거부할 수 없다'라고 할 때 쓰는 표현이다.

- こんなことをしてしまった以上、相手に謝らずにはすまないだろう。

  이런 짓을 한 이상, 상대방에게 반드시 사과해야 할 것이다.

- 彼は何でも一等を取らないではすまないようだ。

  그는 무엇이든 1등을 하지 않고는 못 넘어가는 것 같다. (못 배기는 모양이다.)

- 会議に出席した人たちは皆、何か一言いわずにはすまないようだった。

  회의에 참석한 사람들은 모두 뭔가 한마디 하지 않고는 끝나지 않을 것 같았다.

- 私は夏、必ず一度はかき氷を食べずにはすまない。

  나는 여름에 꼭 한번은 팥빙수를 먹지 않으면 안 된다.

~ずにはいられない　　~하지 않고는 견딜 수 없다

'그렇게 하지 않고는 참을 수 없다, 하고 싶은 욕구가 강하다'는 것을 나타낼 때 사용한다.

- こんなに暑くてはシャワーせずにはいられません。

  이렇게 더워서는 샤워하지 않고는 못 견딥니다.

- 感動的な話を聞いて涙を流さずにはいられなかった。

  감동적인 이야기를 듣고 눈물을 흘리지 않을 수 없었다.

- 今日の試合は逆転が続いて興奮せずにはいられなかった。

  오늘 시합은 역전의 연속이라 흥분하지 않을 수 없었다.

- こんなご馳走を前にしては箸を出さずにはいられません。

  이렇게 진수성찬을 앞에 두고 젓가락을 내밀지 않고서는 못 참습니다.

すら

~조차

어느 하나를 예로 들어 '그것마저도 이러하다'라고 말할 때 사용한다. 문장체적인 딱딱한 표현이기 때문에 회화에서는 「～さえ」로 대체할 수 있다.

명사 + (で)すら

・林さんは昼食の時間すら惜しんでプレゼンの準備をしている。
하야시 씨는 점심시간조차 아껴 프레젠테이션 준비를 하고 있다.

・日本語の勉強は始めたばかりでまだひらがなすら書けません。
일본어 공부는 시작한 지 얼마 되지 않아서 아직 히라가나조차 쓸 수 없습니다.

・データの保存方法は小学生の子供ですら知っていますよ。
데이터 저장 방법은 초등학생 아이조차 알고 있어요.

・昨日はあまりに疲れて夢すら見なかった。
어제는 너무 피곤해서 꿈조차 꾸지 않았다.

・お腹を壊したので昨日から水すら飲めないでいる。
배탈이 나서 어제부터 물조차 마시지 못하고 있다.

・部屋のカーテンを全部閉めて寝たから朝になったことすら分からなかった。 방의 커튼을 다 치고 잤기 때문에 아침이 된 것조차 몰랐다.

～さえ

「～すら」와 거의 비슷한 의미를 가지고 있는데 회화에서는 「～さえ」를 더 많이 쓴다.
단, 「～さえ」는 가정형에서 '~만'이라는 의미로 쓸 수 있다.

· どこに行ってもケータイさえあればたいていのことはできる。

(✕ すらあれば)

어디에 가도 휴대폰만 있으면 웬만한(대부분의) 일은 할 수 있다.

· あの時、車を運転さえしなければこんな事故は起きなかった。

(✕ すらしなければ)

그때 차를 운전만 하지 않았다면 이런 사고는 일어나지 않았다.

～すら VS ～さえ VS ～まで

① 예상조차 못하거나 설마 했던 일을 나타낼 때, ② 극단적인 예를 들어 '이런 것까지,
이렇게까지'라는 의미를 나타낼 때, 세 표현 모두 유사하게 사용된다.

① 가장 친한 친구인 너마저(너까지) 나를 배신했다.

親友の君すら私を裏切った。

親友の君さえ私を裏切った。

親友の君まで私を裏切った。

② 스타가 되고 싶어서 성형까지 했다.

スターになりたくて整形すらした。

スターになりたくて整形さえした。

スターになりたくて整形までした。

そばから

~하는 즉시, ~하자마자, ~하기가 무섭게

'무엇을 한 뒤 바로'라는 뜻으로, 모처럼 고생해서 어떤 일이나 행동을 했는데, 바로 그것을 망치는 일이 발생할 때 쓰는 표현이다. 주로 부정적인 경우에 사용한다.

동사 기본형 / た형(-た・だ) + **そばから**

- 子供はおもちゃを片づけるそばからまた別のおもちゃを出してくる。
  아이는 장난감을 정리하기가 무섭게 또 다른 장난감을 내놓는다.

- 車を洗うそばから雨が降り出した。
  차를 세차하자마자 비가 내리기 시작했다.

- 授業では先生の話を聞いたそばから忘れてしまう。
  수업에서는 선생님의 이야기를 듣는 즉시 잊어버린다.

- 子供は泥だらけになった服を洗ったそばからまた汚してしまう。
  아이는 진흙투성이가 된 옷을 빨아 놓자마자 다시 더럽혀 버린다.

- 注意したそばから同じ間違いを繰り返す人がいる。
  주의를 주자마자 같은 잘못을 반복하는 사람이 있다.

- 彼は料理を味見するといって作ったそばから食べてしまう。
  그는 요리를 맛본다고 하면서 만든 즉시 먹어 버린다.

어떤 상황에서 비슷한 일이 반복될 때 쓰는 표현이기 때문에, 일회성의 동작이나 일에 대해서는 사용하지 않는다.

✕ 高い時計を買ったそばから無くしてしまった。

→ 高い時計を買ってすぐに無くしてしまった。
비싼 시계를 사자마자 잃어버렸다.

✕ 電車に乗ったそばから発車した。

→ 電車に乗ったとたんに発車した。
전철을 타자마자 출발했다.

✕ 先生が話すそばから教室の電気が消えた。

→ 先生が話し始めると教室の電気が消えた。
선생님이 말하기 시작하자 교실의 불이 꺼졌다.

✕ 写真を撮ったそばから目をつぶってしまった。

→ 写真を撮った瞬間目をつぶってしまった。
사진을 찍는 순간 눈을 감아 버렸다.

✕ 父から電話がかかって来たそばから切れてしまった。

→ 父から電話がかかって来たとたん切れてしまった。
아버지로부터 전화가 걸려 오자마자 끊겨 버렸다.

018

ただ ～のみ

오직 ~만, 그저 ~일 뿐

'단지 그것뿐'이라는 뜻으로, 한정을 나타내는 표현이다.

・大会で優勝するためにはただ練習あるのみだ。

대회에서 우승하기 위해서는 오직 연습만이 있을 뿐이다.

・最善を尽くしたので、後はただ結果を待つのみです。

최선을 다했기 때문에 이제는 그저 결과를 기다릴 뿐입니다.

・あんな素敵な人と結婚するなんてただうらやましいのみだ。

저렇게 멋진 사람과 결혼하다니 그저 부러울 뿐이다.

・彼の行動は合理的ではなくただ衝動的であるのみです。

그의 행동은 합리적인 것이 아니라 그저 충동적일 뿐입니다.

・公園にできた像はただ巨大であるのみであまり意味がない。

공원에 생긴 동상은 단지 거대하기만 할 뿐 별로 의미가 없다.

・何を食べたか覚えていないがただ領収書のみが残った。

무엇을 먹었는지 기억나지 않지만 단지 영수증만이 남았다.

～のみ vs ～だけ vs ～ばかり

● 「～のみ」와 「～だけ」는 의미가 같지만 「～だけ」가 회화에서 많이 쓰는 표현이다.

・この宿題だけ終わらせて遊びに行く。

　이 숙제만 끝내고 놀러 간다.

・1,000円だけ貸してください。

　천 엔만 빌려주세요.

● 이에 비해 「～のみ / ～だけ」와 「～ばかり」의 차이는 뚜렷하다. 「～ばかり」에는 그것만 하고 다른 것을 하지 않는 것에 대한 불만이나 비난하는 뉘앙스가 포함되어 있기 때문에 단순히 한정하는 의미로는 쓰지 않는다.

　✕ この宿題ばかり終わらせて遊びに行く。

・今日のメニューは野菜だけだ。

　오늘의 메뉴는 채소뿐이다. (다른 메뉴는 전혀 없다는 의미)

・今日のメニューは野菜ばかりだ。

　오늘의 메뉴는 채소뿐이다. (다른 메뉴도 있지만 적다는 의미, 채소가 많다는 의미)

● 수량을 나타내는 말에 「～ばかり」를 붙이면 '~정도'라는 의미를 나타낸다.

・1,000円ばかり貸してください。

　천 엔 정도 빌려 주세요.

・後から5人ばかり来ます。

　이따 5명 정도 올 거예요.

・1キロばかり足りないと思う。

　1kg 정도 모자랄 것 같다.

019

たところで

~한다고 해도, ~한다고 해 봤자

어떤 행위를 한다 해도 기대한 결과는 얻을 수 없음을 나타내는 표현이다.「どんなに 아무리, 얼마나」,「いくら 아무리, 얼마나」,「たとえ 비록, 설령」와 같은 부사와 함께 쓰이는 경우가 많다.

동사 た형(-た・だ) **+ たところで**

・いくら説明したところでこちらの真意は伝わらないだろう。
　아무리 설명한다고 해도 이쪽의 진의는 전해지지 않을 것이다.

・今になって後悔したところで結果が変わることはありません。
　이제 와서 후회해 봤자 결과가 달라질 일은 없습니다.

・これから走って行ったところで3時の特急には間に合わないで

　しょう。 지금부터 달려간다고 해도 3시 특급을 탈 수 없을 거예요.

・必死に努力したところであの人たちには追いつけない。
　필사적으로 노력해 봤자 저 사람들은 따라잡을 수 없다.

・こんなに早く家に帰ったところで何もすることがない。
　이렇게 일찍 집에 가 봤자 아무것도 할 일이 없다.

・知ったかぶりをしたところで認められるどころか笑われるだけだ。
　아는 척을 해 봤자 인정받기는커녕 웃음거리가 될 뿐이다.

～たところで vs ～たところ

형태는 유사하지만 의미가 전혀 다른 표현이다. 「～たところ ~했더니」는 어떤 행동을 한 다음에 일어난 일이나 상황을 표현할 때 사용한다.

・被害を訴えたところで聞いてくれない。

피해를 호소해 봤자 들어 주지 않는다.

・映画は途中から見たところで話の展開が分からない。

영화는 중간부터 봐 봤자 이야기의 전개를 알 수 없다.

・嘘をついたところですぐにばれてしまいます。

거짓말을 해 봤자 금방 들키고 맙니다.

・本屋で新しく出た本がいつ来るか聞いたところ、分からないと言われた。

서점에서 새로 나온 책이 언제 오는지 물어봤더니 모르겠다고 했다.

・電話をかけてみたところ、「この番号は使われていない番号」だそうだ。

전화를 걸어 봤더니 '이 번호는 사용되지 않는 번호'라고 한다.

・久しぶりに美術館を訪ねたところ、あいにく休館中だった。

오랜만에 미술관을 방문했더니 공교롭게도 휴관 중이었다.

020

たらさいご

~하면 그만, ~하면 그걸로 끝

'한번 어떤 일이 일어나면 그 이후 그 상태가 변하지 않음'을 나타내는 표현이다. 또는 '어떤 것을 하면 이제 모든 것이 잘못된다'는 뉘앙스로도 쓰인다.

동사 た형(-た・だ) + ら最後(さいご)

- 信用(しんよう)は一度(いちど)失(うしな)ったら最後(さいご)、再(ふたた)び取(と)り戻(もど)すまで大変苦労(たいへんくろう)するでしょう。
  신용은 한번 잃어버리면 그걸로 끝이며 다시 만회할 때까지 굉장히 고생할 것입니다.

- その毒(どく)は少(すこ)しでも体(からだ)に吸収(きゅうしゅう)されたら最後(さいご)、100%死亡(しぼう)します。
  그 독은 조금이라도 몸에 흡수된다면 그걸로 100% 사망합니다.

- 一度横(いちどよこ)になったら最後(さいご)、翌日(よくじつ)の昼過(ひるす)ぎまで目(め)を覚(さ)ましません。
  한번 누웠다 하면, 다음 날 오후 지나서까지 눈을 뜨지(잠을 깨지) 않습니다.

- その人(ひと)に捕(つか)まったら最後(さいご)、30分(ぶん)は一方的(いっぽうてき)に話(はなし)を聞(き)かされる。
  그 사람에게 잡혔다 하면 30분은 일방적으로 이야기를 듣게 된다.

- 迷路(めいろ)に入(はい)ったら最後(さいご)、どんなに探(さが)しても正(ただ)しい道(みち)には戻(もど)れない。
  미로에 들어갔다 하면 아무리 찾아도 올바른 길로는 돌아갈 수 없다.

～たら最後 VS ～たが最後

둘 다 의미가 같지만 일상 회화에서는 「～たら最後」 쪽을 더 많이 쓴다. '어떤 일이 일어나면 반드시~'라는 의미를 나타내며, 뒤에는 필연적으로 발생하는 상황이나 말하는 사람의 의지를 나타내는 표현이 온다.

・通勤ラッシュに巻き込まれたら最後、電車の中で1時間動けない。
출퇴근 러시아워에 휘말렸다 하면 전철 안에서 한 시간 동안 움직일 수 없다.

・子供がケーキを見つけたら最後、皆の分まで食べてしまう。
아이가 케이크를 발견했다 하면 모두가 먹을 것까지 먹어 치운다.

・夜6時過ぎにコーヒーを飲んだら最後、夜中まで眠れなくなる。
저녁 6시 넘어서 커피를 마셨다 하면 한밤중까지 잠이 안 오게 된다.

・その子は本を読み始めたが最後、全部読み終わるまで食事もしない。
그 아이는 책을 읽기 시작하기만 하면 다 읽을 때까지 식사도 하지 않는다.

・ファイルを間違って削除したが最後、復元できないから必ず保存してください。 파일을 잘못 삭제했다가는 복원이 되지 않으니 반드시 저장해 주세요.

・ドラマにはまったが最後、見終わるまで他のことが手につかなくなる。
드라마에 (한번) 빠지면, 다 볼 때까지 다른 일이 손에 잡히지 않게 된다.

다음 문장의 (　　)에 넣기에 가장 적당한 것을 1·2·3·4에서 하나 고르세요.

1　何^{なに}より準^{じゅん}備^び(　　　)計^{けい}画^{かく}だから準^{じゅん}備^びを徹^{てっ}底^{てい}的^{てき}にしたい。

　　1　ならではの　2　あっての　　3　だからこそ　4　とともに

2　長^{なが}い間^{あいだ}探^{さが}していた史^し料^{りょう}が国^{こく}内^{ない}で見^みつかって嬉^{うれ}しい(　　　)。

　　1　ばかりだ　　2　だけだ　　　3　ようだ　　　4　かぎりだ

3　この農^{のう}家^かではブドウ栽^{さい}培^{ばい}の(　　　)加^か工^{こう}食^{しょく}品^{ひん}の生^{せい}産^{さん}と販^{はん}売^{ばい}もしている。

　　1　ついでに　　2　はんめん　　3　かたわら　　4　かねて

4　思^{おも}いつきで始^{はじ}めた事^じ業^{ぎょう}だから計^{けい}画^{かく}性^{せい}がなくもう資^し金^{きん}が底^{そこ}をつく(　　　)。

　　1　ようすだ　　2　しまつだ　　3　あげくだ　　4　つもりだ

5　彼^{かの}女^{じょ}は何^{なん}でも悲^ひ観^{かん}的^{てき}に考^{かんが}える(　　　)初^{はじ}めから諦^{あきら}めることも多^{おお}い。

　　1　きらいがあって　　　　　　　2　わけがあって
　　3　すきがあって　　　　　　　　4　つごうがあって

어휘

何^{なに}より 무엇보다　史^し料^{りょう} 사료(역사 연구 자료)　栽^{さい}培^{ばい} 재배　思^{おも}いつき 문득 생각남, 즉흥적인 생각
事^じ業^{ぎょう} 사업　資^し金^{きん} 자금　底^{そこ}をつく 바닥을 치다, 바닥나다　悲^ひ観^{かん}的^{てき}に 비관적으로

6 初対面の（　　　　）まだ態度がぎくしゃくするのは仕方ありません。

    1　ことでも　　2　ことほど　　3　こととて　　4　ことより

7 アルバムの写真は昔の自分を（　　　　）おかなかった。

    1　思い出させずに　　　　　　　2　思い出さずに
    3　思い出そうと　　　　　　　　4　思い出しても

8 市役所の職員の冷淡（　　　　）言い方に腹が立って仕方がない。

    1　だらけの　　2　がちな　　3　あふれる　　4　きわまる

9 人の話はよく聞くように忠告している（　　　　）人の話を無視している。

    1　まもなく　　2　そばから　　3　まえから　　4　いつでも

10 そのドラマを見始めたら（　　　　）全部見終わるまで何もできなくなる。

    1　おわり　　2　むしろ　　3　さいご　　4　やっと

初対面 첫 대면, 초면　ぎくしゃくする 서먹서먹하다, 어색하다　冷淡 냉담
腹が立つ 화가 나다　忠告 충고　見始める 보기 시작하다　見終わる 다 보다, 끝까지 보다

다음 문장의 ___★___에 들어가기에 가장 적당한 것을 1·2·3·4에서 하나 고르세요.

1 来年のバレンタイン ＿＿＿ ＿＿＿ ★ ＿＿＿ 新製品を出します。

    1　アンケートの　　　　　　　2　には
    3　いかんで　　　　　　　　　4　結果

2 新入社員を ＿＿＿ ＿＿＿ ★ ＿＿＿ 責任者に挨拶させた。

    1　各　　　　　2　かたがた　　　3　部署の　　　4　紹介

3 商品の ＿＿＿ ＿＿＿ ★ ＿＿＿ はすべて10%です。

    1　いかんに　　2　税率　　　　3　金額の　　　4　かかわらず

4 150m ＿＿＿ ＿＿＿ ★ ＿＿＿ なしに登るなんて信じられない。

    1　ロープも　　2　から　　　　3　ビルを　　　4　ある

5 地図で指定 ＿＿＿ ＿＿＿ ★ ＿＿＿ 目的地に早く着ける。

    1　ごとく　　　2　道を　　　　3　された　　　4　歩けば

어휘

税率 세율　　ロープ 로프, 밧줄

6 ドライブ ＿＿＿ ＿＿＿ ★ ＿＿＿ を回ってみようと思います。
　　1　文化財　　　2　の　　　　3　この町　　　4　がてら

7 今年は毎月 ＿＿＿ ＿＿＿ ★ ＿＿＿ 体力が限界に来ている。
　　1　残業　　　　2　もう　　　3　で　　　　4　ずくめ

8 楽しかった旅の思い出も今は ＿＿＿ ＿＿＿ ★ ＿＿＿ のみ
です。
　　1　中に　　　　2　ただ　　　3　写真の　　4　ある

9 気になる人だけどまだ電話番号 ＿＿＿ ＿＿＿ ★ ＿＿＿ 教え
てくれない。
　　1　名前　　　　2　か　　　　3　どころ　　4　すら

10 あの人に ＿＿＿ ＿＿＿ ★ ＿＿＿ この計画を否定されるだけ
です。
　　1　ところ　　　2　頼んで　　3　で　　　　4　みた

文化財 문화재　否定 부정

55

021

たりとも ～ない

~조차도 ~하지 않는다, ~조차도 ~없다

'최소의 수량도 허용하지 않는다'는 뜻이다. 1초, 1분, 한 사람, 한 번 등 시간이나 양의 최소 단위인 '1'을 예로 들어 그것조차 하지 않는다고 함으로써 부정의 의미를 강조하는 표현이다. 뒤에는 「～できない ~할 수 없다」, 「～たくない ~하고 싶지 않다」, 「～てはならない ~해서는 안 된다」 등의 표현이 주로 온다.

 명사 1 + 조수사 **＋ たりとも ～ない**

- 残り時間はあと少ししかないので１分たりとも無駄にできない。
  남은 시간은 앞으로 조금밖에 없기 때문에 1분조차도 낭비할 수 없다.

- 大学入試に備えて一日たりとも勉強をしない日はない。
  대학 입시에 대비하여 하루라도 공부를 하지 않는 날은 없다.

- １人たりとも逃がさないように警察が厳重に監視している。
  한 사람이라도 놓치지 않도록 경찰이 엄중히 감시하고 있다.

- 高速鉄道の運行管理にあたっては一瞬たりとも気を抜けない。
  고속 철도의 운행 관리에 있어서는 한순간도 방심할 수 없다.

- 目的を叶えるためにはたとえ1円たりとも浪費しません。
  목적을 이루기 위해서는 설령 1엔이라도 낭비하지 않겠습니다.

- 決勝にまで進もうとするなら１回たりとも負けるわけにはいかない。
  결승에까지 진출하려면 한 번이라도 질 수는 없다.

～たりとも ～ない vs ～といえども ～ない

● 유사한 의미로「～といえども ～ない ~라 해도 ~않는다(없다, 안 된다)」를 쓸 수 있으며 둘 다 문장체 표현이다.

・あの日のことは1日たりとも忘れたことはない。
　그날 일은 단 하루도 잊은 적은 없다.

・害虫は1匹たりとも逃がさないように駆除する。
　해충은 한 마리라도 놓치지(빠져 나가지) 않도록 구제(퇴치)한다.

・スープまで1滴たりとも残さず完食しました。
　국물까지 한 방울도 남기지 않고 다 먹었습니다.

・あの人には1銭たりとも出させないつもりです。
　저(그) 사람에게 한 푼도 돈을 내게 하지 않을 생각입니다.

・節約しようとするなら1円といえども無駄に使ってはいけません。
　절약하려면 1엔이라도(돈 한 푼이라도) 헛되이 써서는 안 됩니다.

・母にご飯は一粒といえども残してはいけないと教えられました。
　어머니는 밥은 쌀 한 톨이라도 남겨서는 안 된다고 가르쳐 주셨습니다.

・嫌いな仕事だから1時間といえども残業したくありません。
　싫어하는 일이라서 한 시간이라도 야근하고 싶지 않습니다.

・状況が変化し続けているから一瞬といえども目が離せない。
　상황이 계속 변화하고 있기 때문에 한순간이라도 눈을 뗄 수 없다.

● 「たりとも」가 들어간 관용 표현

> 何人たりとも: 어느 누구일지라도, 그 누구라 하더라도
> ・この計画は何人たりとも妨害することはできない。
> 　이 계획은 어느 누구라도 방해할 수는 없다.

022

つ〜つ

~기도 하고 ~기도 하고

의미가 반대인 두 동사를 같이 써서 동작이 서로 교대로 행해지는 것을 나타낸다. 쓸 수 있는 동사가 한정적이며, 대부분 관용 표현으로 사용된다.

동사 ます형 ＋ つ   동사 ます형 ＋ つ

- 二人の選手はゴール前まで抜きつ抜かれつしながら走り続けた。
  두 선수는 골문(결승선) 앞까지 앞서거니 뒤서거니 하면서 계속 달려갔다.

- お互いに助け合う二人は持ちつ持たれつの関係だと言えるでしょう。
  서로 도와주는 두 사람은 상부상조의 관계라고 할 수 있겠죠.

- この映画は刑事と犯人が追いつ追われつ繰り広げるアクションが人気だ。 이 영화는 형사와 범인이 쫓고 쫓기며 펼치는 액션이 인기이다.

- 寒い日にこたつに入って温めたお酒を差しつ差されつ過ごす時間は最高だ。
  추운 날에 고타쓰에 들어가 따뜻하게 데운 술을 주거니 받거니 하며 지내는 시간은 최고이다.

- 毎日満員電車で押しつ押されつ1時間も通勤するのは大変です。
  매일 만원 전철에서 밀고 당기며 한 시간이나 출퇴근하는 것은 힘듭니다.

- カフェの前を行きつ戻りつしながら中を覗き見ている人がいる。
  카페 앞을 왔다 갔다 하면서 안을 엿보고 있는 사람이 있다.

023

であれ

~이든, ~라고 하더라도

'무엇이든 상관없이, 어느 경우라도'라는 의미를 나타낸다.

명사 ＋ **であれ**

- 警察官なら法に違反した者が自分の家族であれ厳正に対処するべ

  きだ。 경찰관이라면 법에 위반한 사람이 자기 가족이라도 엄정하게 대처해야 한다.

- 誰であれ幸せな老後を過ごしたいと思うのは当然です。
  누구든 행복한 노후를 보내고 싶다고 생각하는 것은 당연합니다.

- たとえネットで評判の店であれ1時間もかけて行く気はしません。
  설령 인터넷에서 평판이 좋은 가게일지라도 한 시간이나 들여 갈 생각은 없습니다.

- どんなに面白いドラマであれ残酷な場面が多ければ見たくない。
  아무리 재미있는 드라마라도 잔인한 장면이 많으면 보고 싶지 않다.

- どこであれ自分が住んでいるところが故郷だと思っています。
  어디든 자신이 살고 있는 곳이 고향이라고 생각하고 있습니다.

- お店を始めたころはたった一人であれお客さんが来れば嬉しかった。
  가게를 시작했을 때는 단 한 사람이라도 손님이 오면 기뻤다.

～であっても / ～でも

보다 회화적인 표현으로는「～であっても ~라도, ~라고 해도」,「～でも ~라도」등이 있다.「～であっても」앞에「だけ」,「から」등의 조사를 붙여서 쓰는 경우도 있다.

- たとえ冗談であっても相手を傷つけることがある。
  설령 농담이라도 상대방에게 상처를 주는 경우가 있다.

- それが事実であってもこれからも彼に付いて行く。
  그것이 사실일지라도 앞으로도 그를 따라갈 것이다.

- 口で言った約束であっても録音すれば証拠になる。
  말로 한 약속이라도 녹음하면 증거가 된다.

- 昨日作った料理であっても夏はすぐ味が変わることがある。
  어제 만든 요리라도 여름에는 금방 맛이 달라지는(가는) 경우가 있다.

- たとえ30分だけであってもあの人に会いたい。
  비록 30분만이라도 그 사람을 만나고 싶다.

- それが善意からであっても相手に通じないこともある。
  그것이 선의로부터 나온 것이라고 해도 상대방에게 통하지 않는 경우도 있다.

- 暗い道でも月が出ているからよく見える。
  어두운 길이라도 달이 떠 있으니 잘 보인다.

- 大人でも合格が難しい試験に小学生が受かった。
  어른이라도 합격하기 어려운 시험에 초등학생이 붙었다.

- どんなにおいしい料理でも満腹の時は食べられない。
  아무리 맛있는 요리라도 배가 부를 때에는 먹을 수 없다.

024

であれ ～であれ

~이든 ~이든, 이든지 ~이든지

두 개 이상의 예를 들고 '그 어느 경우라도'라고 말할 때 쓰는 문장체 표현이다. 동사에 연결할 경우에는 명사화 하는 조사 「の」를 붙여서 열거한다.

- メールで連絡するのであれ電話するのであれ、分かり次第教えて
  ください。 메일로 연락하든 전화하든 알게 된 즉시 알려 주세요.

- メガネをかけるのであれレンズを使うのであれ目に負担はかかり
  ます。 안경을 쓰든 렌즈를 끼든 눈에 부담은 갑니다.

- 土曜日であれ日曜日であれ、週末は人が多くて疲れます。
  토요일이든 일요일이든 주말에는 사람이 많아서 피곤해요.

- 大人であれ子供であれ、楽しみ方はそれぞれだ。
  어른이든 어린이든 즐기는 방법은 제각각이다.

- 車であれ電車であれ事故が起きないという保証はない。
  자동차든 전철이든 사고가 일어나지 않는다는 보장은 없다.

- コーヒーであれ紅茶であれカフェインのある飲み物は体に影響
  する。 커피든 홍차든 카페인이 들어 있는 음료는 몸에 영향을 준다.

～にしても ～にしても

회화에서는 「～にしても ～にしても ~든 ~든, ~도 그렇고 ~도 그렇고」라는 표현을 더 많이 쓴다.

· 残業にしても早出にしてもこの会社は手当をくれない。

야근을 하든 일찍 출근을 하든 이 회사는 수당을 주지 않는다.

· スキーにしてもスケートにしても冬のスポーツはできません。

스키를 타든 스케이트를 타든 겨울 스포츠는 못합니다.

· 木村さんにしても山田さんにしても皆同じ大学の先輩や後輩です。

기무라 씨도 야마다 씨도 모두 같은 대학의 선후배 사이입니다.

· 忘年会にしても新年会にしてもこの頃は二次会には行かないようだ。

송년회를 하든 신년회를 하든 요즘은 2차에는 가지 않는 것 같다.

· 帰るにしてもどこかに泊まるにしてもタクシーが捕まらない。

귀가를 하든 어딘가 묵든 택시가 잡히지 않는다.

· 寝ているにしてもシャワーしているにしても30分も電話に出ないの
は変だ。 자고 있든 샤워를 하든 30분이나 전화를 받지 않는 것은 이상하다.

· 買ったにしても借りたにしても傘は準備したみたいだ。

샀건 빌렸건 우산은 준비한 것 같다.

· 誰に会ったにしてもどこで会ったにしても全部記録されている。

누구를 만나든 어디서 만나든 전부 기록되어 있다.

てからというもの(は)

~하고 나서부터(는)

어떤 일이나 행동이 있은 후에 그것이 계기가 되어 뒤에 오는 일이 일어났다고 설명할 때 쓰는 표현이다.

동사 て형 (-て・で) **+ からというもの(は)**

・彼は彼女と別れてからというものは部屋から出てこようとしない。
그는 그녀와 헤어지고 나서부터는 방에서 나오려고 하지 않는다.

・子供にスマホを買ってからというもの一日中手から離さない。
아이에게 스마트폰을 사 준 후부터는 하루 종일 손에서 놓지 않는다.

・インドのカレーを知ってからというもの他のカレーが食べられなくなった。 인도 카레를 알고 나서부터 다른 카레를 먹을 수 없게 되었다.

・怖い話を聞かされてからというもの夜一人で寝られなくなった。
무서운 이야기를 듣고 나서부터 밤에 혼자 잘 수 없게 되었다.

・一度痛い思いをしてからというものは二度と歯の治療はしないと決めた。 한 번 아픔을 겪고 난 후부터는 두 번 다시 치아 치료는 하지 않기로 결정했다.

・異常気象のせいで9月になってからというもの野菜の値段が大幅に上がっている。 이상 기후 탓에 9월이 되면서부터 채소 가격이 크게 오르고 있다.

～てからというもの(は) vs ～てからは

「～てからというもの(は)」는「～てからは ~하고부터는」보다 문장체이며 강조하는 느낌이 든다. 또한,「～てからというもの」는 뒤에 오는 내용이 긍정적·부정적 평가가 뚜렷한데 비해「～てからは」는 단순히 시간적으로 '그 이후에는~'이라는 의미가 있다.

- 彼がこの町に引っ越してきてからというもの急に犯罪が減った。
  그가 이 동네로 이사 온 후부터는 급속히 범죄가 줄어들었다.

- 駅前にスーパーができてからというもの商店街は人がいなくなった。
  역 앞에 슈퍼가 생기고 난 후부터는 상점가에는 사람이 없어졌다.

- 先生に言われてからというもの誰に対しても挨拶するようになった。
  선생님께 한 소리 듣고 나서부터는 누구에게나 인사하게 되었다.

- 一度失敗してからというもの彼は事業に手を出すのを止めた。
  한 번 실패하고부터는 그는 사업에 손을 대는 것을 그만두었다.

- 家に帰ってからはどこにも行きません。
  집에 들어가고부터는 아무 데도 안 갑니다.

- 新幹線に乗ってからは目的地までのんびりできる。
  신칸센을 타고부터는 목적지까지 느긋하게 갈 수 있다.

- この前彼と喧嘩してからは一度も口をきかなかった。
  지난번에 그와 싸운 이후로는 한 번도 말을 하지 않았다.

- 映画を見てからはどうするかまだ決めていない。
  영화를 보고 나서는 어떻게 할지 아직 정하지 않았다.

026

でなくてなんだろう

~이 아니고 무엇이겠는가

「愛 사랑」, 「運命 운명」 등과 같은 추상 명사와 결합하여 '바로 이것이다'라고 강조할 때 쓰는 표현으로, 소설이나 수필 등에서 많이 사용된다.

명사 ＋ でなくてなんだろう

- たった12人しか部員がいない野球部が優勝したなんてこれが奇跡でなくて何だろう。

  단 12명밖에 부원이 없는 야구부가 우승했다니 이것이 기적이 아니고 무엇이겠는가.

- 子供が親より先に亡くなった。これが親不孝でなくてなんだろうか。

  아이가 부모보다 먼저 세상을 떠났다. 이것이 불효가 아니고 무엇이란 말인가.

- 500人の応募者の中から自分が選ばれた。これが幸運でなくてなんだろう。

  500명의 응모자 중에서 내가 뽑혔다. 이것이 행운이 아니고 무엇이란 말인가.

- 地震で倒れた建物は定期検査をしていなかった。これが人災でなくてなんだろうか。

  지진으로 무너진 건물은 정기 검사를 받지 않았다. 이것이 인재가 아니고 무엇이겠는가.

- 毎月外食をするのに10万円も使っている。これが浪費でなくてなんだろうか。

  매달 외식을 하는 데 10만 엔이나 쓰고 있다. 이것이 낭비가 아니고 무엇이겠는가.

～と言わずに何と言おうか　~라고 말하지 않고 뭐라고 하겠는가

- いろんな理由をつけて自分は悪くないというのは「弁解」と言わずに何と言おうか。　이런저런 이유를 대며 자신은 나쁘지 않다고 하는 것은 '변명'이라 말하지 않고 뭐라고 하겠는가.

- 静かな図書館で子供が騒いでいる。これを迷惑と言わずに何と言えるのか。　조용한 도서관에서 아이가 떠들고 있다. 이것을 민폐라 하지 않고 뭐라고 할 수 있는가.

- 彼女と出会ったのは偶然ではない。運命と言わずに何と言えるだろう。　그녀와 만난 것은 우연이 아니다. 운명이라 하지 않고 뭐라고 말할 수 있을까.

- 多くの人を救うために犠牲になった人を英雄と言わずに何と言えるでしょう。　많은 사람을 구하기 위해 희생이 된 사람을 영웅이라 하지 않고 뭐라고 할 수 있을까요.

～以外の何ものでもない　~외에 아무것도 아니다, ~일 뿐이다

- タバコを吸うのは他人にも自分にも「害毒」以外の何ものでもない。　담배를 피우는 것은 타인에게도 자신에게도 '해독'외에 아무것도 아니다. (해독일 뿐이다.)

- こんなことになるなんて悪夢以外の何ものでもありません。　이런 일이 벌어지다니 악몽 외에 아무것도 아닙니다. (악몽일 뿐입니다.)

- そんなことを言って無理にさせるのは強制以外の何ものでもない。　그런 말을 해서 억지로 시키는 것은 강제 외에 아무것도 아니다. (강제일 뿐이다.)

- 親の行動を見て子供まで判断するのは偏見以外の何ものでもありません。　부모의 행동을 보고 자식까지 판단하는 것은 편견 외에 아무것도 아닙니다. (편견일 뿐입니다.)

027

ではあるまいし / じゃあるまいし

~도 아니고

'~도 아니므로, ~도 아닐 테니'라는 뜻으로, 뒤에는 주로 상대에 대한 판단이나 충고, 권유 등의 내용이 이어진다. 부정의 추측을 나타내는 「～まい ~지 않을 것이다」가 있어 약간 예스러운 표현이 된다.

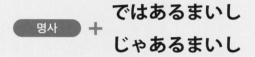

명사 + **ではあるまいし**
じゃあるまいし

- 子供じゃあるまいし自分でしたことに責任を取れないの？
  어린애도 아니고 자기가 저지른 일에 책임을 질 수 없는 거야?

- 誕生日じゃあるまいしケーキはなくてもいいでしょう。
  생일도 아니고 케이크는 없어도 되겠죠.

- 休日じゃあるまいし朝からお酒を飲むのは無理です。
  쉬는 날도 아닌데 아침부터 술을 마시는 것은 무리입니다.

- 真夏ではあるまいしTシャツ1枚で歩いていたら風邪を引きます。
  한여름도 아닌데 티셔츠 하나 입고 걸어 다니면 감기에 걸릴 거예요.

- 金持ちじゃあるまいしそんな高いものを買えるはずがないでしょう。
  부자도 아니고 그렇게 비싼 것을 살 수 있을 리가 없잖아요.

- ドラマじゃあるまいしそんなにロマンチックなことは起きません。
  드라마도 아니고 그렇게 로맨틱한 일은 일어나지 않아요.

～じゃないのに

유사 표현인 「～じゃないのに ~이/가 아닌데」는 '~가 아닌데도 불구하고'라는 의미로, 예상과 다른 상황이 벌어지거나 뜻밖이라는 뉘앙스를 나타낼 때 사용한다.

- まだ冬じゃないのに道が凍っていた。
  아직 겨울이 아닌데 길이 얼어 있었다.

- 二十歳じゃないのにタバコを吸ってはいけません。
  스무 살이 아닌데 담배를 피워서는 안 됩니다.

- 自分の番じゃないのに席に座っている人がいます。
  자기 차례가 아닌데 자리에 앉아 있는 사람이 있습니다.

- 荷物を置くところじゃないのにカバンを置いて行こうとしたから注意した。 짐을 두는 곳이 아닌데 가방을 두고 가려고 해서 주의를 줬다.

- 休みの日じゃないのに店が閉まっていて困った。
  쉬는 날이 아닌 데 가게가 문을 닫아서 곤란했다.

- A あの人がジョンさんですか。
  저 사람이 존 씨인가요?
  B ええ。日本人じゃないのに日本語がとても上手です。
  네. 일본인이 아닌데 일본어를 매우 잘합니다.

028

てまえ

~했기 때문에 (체면상)

'무엇인가를 말하거나 해 버린 후에 자신의 체면을 지키기 위해 어쩔 수 없이 이를 하지 않을 수 없다'고 할 때 쓰는 표현이다.

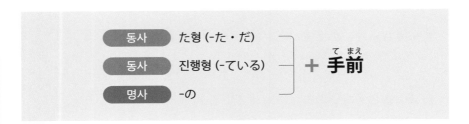

동사	た형 (-た・だ)	
동사	진행형 (-ている)	**+ 手前**
명사	-の	

- 妻と約束した手前、今度の誕生日には旅行に行かなくてはならない。
  아내와 약속했기 때문에 이번 생일에는 여행을 가지 않으면 안 된다.

- 自分がやろうと言い出した手前、最後までいるしかない。
  내가 하자고 말을 꺼냈기 때문에 끝까지 있을 수밖에 없다.

- いつもお世話になっている手前、ここは自分が支払うべきだと思う。
  항상 신세 지고 있기 때문에 이곳은 내가 계산해야 한다고 생각한다.

- ご近所の手前、自分がこんな仕事をしているとは言えないだろう。
  동네 사람들 앞에서 (체면상) 자신이 이런 일을 하고 있다고는 말할 수 없을 것이다.

- 学生たちの手前、初歩的なミスは絶対に許されない。
  학생들 앞에서 (체면상) 초보적인 실수는 절대로 용납되지 않는다.

● 「手前^{てまえ}」는 '바로 자기 앞', '가까운 곳'이라는 의미를 나타내기도 한다.

· 手前^{てまえ}にあるコショウを取^とってあげた。

　앞에 있는 후추를 집어 주었다.

· 信号^{しんごう}の手前^{てまえ}を左^{ひだり}に曲^まがってください。

　신호등 바로 앞에서 좌회전해 주세요.

· 努力^{どりょく}して採用一歩^{さいよういっぽ}手前^{てまえ}まで来^きた。

　노력해서 채용 일보 직전까지 왔다.

· 間違^{まちが}えて一^{ひと}つ手前^{てまえ}の駅^{えき}で降^おりてしまいました。

　실수로 한 정거장 전에 내려 버렸습니다.

· その手前^{てまえ}にある書類^{しょるい}から先^{さき}に整理^{せいり}してください。

　그 앞에 있는 서류부터 먼저 정리해 주세요.

● 「手前^{てまえ}」가 들어간 관용 표현

手前勝手^{てまえがって}: 제멋대로 함, 좋을 대로 함

· 皆^{みんな}で決^きめた計画^{けいかく}を手前勝手^{てまえがって}に変更^{へんこう}することはできません。

　다 같이 정한 계획을 마음대로 변경할 수는 없습니다.

手前味噌^{てまえみそ}: 자화자찬

· 計画^{けいかく}は順調^{じゅんちょう}だと手前味噌^{てまえみそ}の報告^{ほうこく}をしても信用^{しんよう}できない。

　계획은 순조롭다고 자화자찬식의 보고를 해도 믿을 수 없다.

029

てやまない

~해 마지않다, 진심으로 ~하고 있다

말하는 사람의 강한 감정을 나타내는 표현이다. 형식적인 인사를 하거나 격식을 차릴 때 사용된다. 「愛する 사랑하다」, 「願う 원하다」, 「信じる 믿다」, 「祈る 빌다」, 「尊敬する 존경하다」, 「期待する 기대하다」, 「望む 바라다」 등 한정된 동사에만 사용되는 표현이니 예문을 통해 기억해 두자.

동사 て형 (-て・で) **+ やまない**

・これは故郷の風景を愛してやまない画家の作品です。
이것은 고향의 풍경을 사랑해 마지않는 화가의 작품입니다.

・事故で怪我をした方たちが一日も早く回復することを願ってやみません。 사고로 다친 분들이 하루 빨리 회복되시기를 바라 마지않습니다.

・彼ならきっとこの困難を克服することを信じてやまない。
그라면 반드시 이 어려움을 극복할 것을 믿어 마지않는다.

・お二人がいつまでも幸せに暮らすことを祈ってやみません。
두 분이 언제까지나 행복하게 사시기를 기원해 마지않습니다.

・この度、尊敬してやまない木村先生が受賞されて心から嬉しいです。
이번에 너무나 존경하는 기무라 선생님이 수상하셔서 진심으로 기쁩니다.

・彼のステージは観衆を惹きつけてやまない魅力がある。
그의 무대는 관중을 너무나도 끌어당기는 매력이 있다.

～てならない

「～てやまない」가 형식적인 표현이라면,「～てならない ~해서 견딜 수가 없다」는 문장 체이기는 하지만 일상 회화에서도 자주 사용되는 표현이다. 「～てならない」는 어떤 감정이나 몸의 감각이 억제할 수 없을 정도로 강하게 일어날 때 사용한다.

· なぜかあの人のことが気になってならない。

  왠지 그 사람이 자꾸 신경이 쓰인다.

· 彼が犯人だと私にはそう思えてなりません。

  그가 범인이라고 저는 자꾸 그런 생각이 들어요.

· 昨日のことがいつまでも悔やまれてなりません。

  어제 일이 두고두고 후회돼 미치겠습니다.

· 夜あまり寝ていないから眠くてなりません。

  밤에 잠을 잘 못 자서 졸려 미치겠습니다.

· 隣の家のテレビの音がうるさくてならない。

  옆집 TV 소리가 시끄러워서 견딜 수가 없다.

· またあの人に負けてしまったので悔しくてならない。

  또 그 사람에게 지고 말아서 분해서 견딜 수가 없다.

· 子供の帰りが遅いので心配でならない。

  아이의 귀가가 늦어서 걱정돼 미치겠다.

· こんなことも知らないなんて不思議でならない。

  이런 것도 모르다니 신기하기 짝이 없다.

· 今回のことは残念でなりません。

  이번의 일은 너무나 아쉽습니다.

030

とあいまって

~와 합쳐져서, ~와 섞여서, ~와 어우러져

'그것이 다른 요소나 상황과 겹쳐, 함께 작용하여'라는 의미로, 뒤에는 '더 큰 효과가 난다'는 내용이 이어지는 경우가 많다.

명사 + と相_{あい}まって

- タレの甘_{あま}さがトウガラシの辛_{から}さと相_{あい}まって絶妙_{ぜつみょう}な味_{あじ}わいを出_だしている。 양념의 단맛이 고추의 매운맛과 어우러져 절묘한 맛을 내고 있다.

- 海_{うみ}が夕日_{ゆうひ}の輝_{かがや}きと相_{あい}まって、神秘的_{しんぴてき}な美_{うつく}しさを見_みせてくれる。
바다가 석양의 빛과 어우러져 신비로운 아름다움을 보여 준다.

- 俳優_{はいゆう}の演技_{えんぎ}が美_{うつく}しい衣装_{いしょう}と相_{あい}まって華_{はな}やかな舞台_{ぶたい}を創_{つく}り出_だした。
배우의 연기가 아름다운 의상과 어우러져 화려한 무대를 만들어 냈다.

- その選手_{せんしゅ}は持_もって生_うまれた素質_{そしつ}が懸命_{けんめい}な努力_{どりょく}と相_{あい}まって才能_{さいのう}を開花_{かいか}させた。 그 선수는 타고난 소질이 필사적인 노력과 합쳐져 재능을 꽃피게 했다.

- 洗練_{せんれん}されたデザインが新_{あたら}しい機能_{きのう}と相_{あい}まって新製品_{しんせいひん}の人気_{にんき}が急上昇_{きゅうじょうしょう}している。
세련된 디자인이 새로운 기능과 맞물려 신제품의 인기가 급상승하고 있다.

- 安全性追求_{あんぜんせいついきゅう}が環境_{かんきょう}への影響問題_{えいきょうもんだい}と相_{あい}まって原発_{げんぱつ}の見直_{みなお}しを求_{もと}めている。
안전성 추구가 환경에 대한 영향 문제와 맞물려 원자력 발전의 재검토를 요구하고 있다.

~が一緒になって   ~가 합쳐져, ~가 어우러져

· 夜景と甘い音楽が一緒になってロマンチックな雰囲気だった。

  야경과 달콤한 음악이 어우러져 로맨틱한 분위기였다.

· 彼女の優雅さが一緒になって宝石は一層輝いて見えた。

  그녀의 우아함이 함께 어우러져 보석은 한층 더 빛나 보였다.

· やわらかいゼリーと生クリームが一緒になって口の中に広がる。

  부드러운 젤리와 생크림이 어우러져 입안에 퍼진다.

~が一つになって   ~가 하나가 되어, ~가 어우러져

· 樹氷は木と氷が一つになって創り出す自然の芸術だ。

  나무 서리는(눈꽃은) 나무와 얼음이 하나가 되어 만들어 내는 자연의 예술이다.

· 皆の心が一つになって試合に勝つことができた。

  모두의 마음이 하나가 되어 시합에 이길 수 있었다.

· これは卵と栗が一つになった不思議な味です。

  이것은 계란과 밤이 하나로 어우러진 신기한 맛입니다.

031

とあって

~라서

어떤 특정한 상황에 대해 말하고, '그런 상황이기 때문에 이러한 일이 일어난다'고 표현할 때 사용한다. 뉴스 등에서 자주 사용하는 표현이기도 하다.

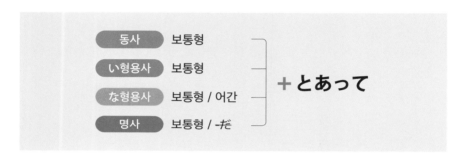

동사	보통형	
い형용사	보통형	
な형용사	보통형 / 어간	**+ とあって**
명사	보통형 / -だ	

· 有名な歌手が来るとあって、会場にはたくさんの人が並んだ。
　유명한 가수가 온다고 해서 공연장에는 많은 사람들이 줄을 섰다.

· 家が貧しいとあって服装は見劣りするが顔立ちは端正だった。
　집이 가난해서 옷차림은 볼품없지만 생김새는 단정했다.

· ここはブドウの栽培が盛んとあってワインの生産も年々増加して

　いる。　이곳은 포도 재배가 활발하여 와인 생산도 해마다 증가하고 있다.

· 休日とあってショッピングセンターの駐車場はいっぱいだった。
　휴일이라서 쇼핑센터의 주차장은 가득 차 있었다.

· 久しぶりの旅行とあって新幹線に乗るだけでわくわくする。
　오랜만의 여행이라서 신칸센을 타기만 해도 설렌다.

～とあっては

끝에 「は」가 있고 없고의 차이지만 의미는 전혀 다르다. 「～とあっては」는 '~이라는 상황이라면'이라는 의미로, 앞부분에는 특별한 상황을 가정하고 뒤에는 그 상황에서 취해야 할 행동, 또는 당연히 일어나게 되는 사태 등을 나타낸다.

・故郷の人が皆応援に来てくれるとあっては負けられません。
고향 사람들이 모두 응원하러 와 준다면 질 수 없습니다.

・テレビが取材に来るとあっては店をきれいにしておかなくちゃ。
TV(방송국)에서 취재하러 온다면 가게를 깨끗이 해 두어야지.

・午後から大雨が降るとあっては予定を変更するしかない。
오후부터 많은 비가 내린다면 예정을 변경할 수밖에 없다.

・春のように暖かいとあっては薄いセーターだけで大丈夫だろう。
봄처럼 따뜻하다면 얇은 스웨터만으로 괜찮겠지.

・相手が本気とあってはこちらも気を引き締めて対戦するつもりだ。
상대방이 진심이라면(전력을 다한다면) 이쪽도 정신을 바싹 차리고 대전할 생각이다.

・大好きな俳優の最新作とあっては見ないわけにはいかない。
진짜 좋아하는 배우의 최신작이라면 보지 않을 수 없다.

・社長の考えとあっては従うしかないだろう。
사장님의 생각이라면 따를 수밖에 없겠지.

・親友の頼みとあっては断ることはできません。
친한 친구의 부탁이라면 거절할 수는 없습니다.

とあれば

~라면, ~라고 한다면

'어떤 상황을 위해서라면 받아들일 수 있다, 응할 수 있다'고 할 때 쓰는 표현이다.

명사 ＋ **とあれば**

・彼女の誘いとあれば何があっても行こうと思っている。
　그녀의 권유라고 한다면 무슨 일이 있어도 가려고 한다.

・お世話になっている人の頼みとあれば断ることはできない。
　신세 지고 있는 사람의 부탁이라면 거절할 수는 없다.

・ここにあるものなら必要とあれば何でも使ってください。
　여기에 있는 것이라면 필요하면 아무거나 쓰세요.

・料金は高くなりますが急ぎとあれば30分でクリーニングをします。
　요금은 비싸집니다만 급하시다면 30분만에 세탁을 해 드립니다.

・緊急事態とあれば他のことは中断して駆けつけます。
　긴급 사태라고 하면 다른 일은 중단하고 달려가겠습니다.

・この地方の名物とあればぜひ一度食べてみたいです。
　이 지방의 명물이라면 꼭 한번 먹어 보고 싶습니다.

～ためとあれば

「～ためとあれば ~위해서라면」도 관용적으로 사용되는 표현이다.

・親は子供のためとあれば自分を犠牲にすることもある。

부모는 자식을 위해서라면 자신을 희생하는 경우도 있다.

・人は名誉のためとあれば損得を考えずに行動することがある。

사람은 명예를 위해서라면 손익을 생각하지 않고 행동할 때가 있다.

・好きな歌手の公演を見に行くためとあれば会社を休む人もいる。

좋아하는 가수의 공연을 보러 가기 위해서라면 회사를 쉬는 사람도 있다.

・大学合格のためとあれば徹夜して勉強する覚悟だ。

대학 합격을 위해서라면 밤을 새워서 공부할 각오이다.

・デートの成功のためとあれば高級ホテルのディナーだって予約する。

데이트의 성공을 위해서라면 고급 호텔 디너라도 예약하겠다.

・健康のためとあれば毎朝早起きしてジョギングするのもいい。

건강을 위해서라면 매일 아침에 일찍 일어나서 조깅하는 것도 좋다.

といい～といい

~도 그렇고 ~도 그렇고

어떤 상황에 대해 두 가지 예를 든 다음, '이런 점에서 보더라도 ~하다'라고 하거나 '예를 든 것 외에도 모두 그렇다'라고 표현할 때 사용한다. 무엇인가 평가나 비판을 할 때 많이 쓰지만 긍정적인 내용에도 쓸 수 있다.

명사 + **といい**	명사 + **といい**

- 交通事故といい火災といい年末には大型の事故が発生しやすい。
  교통사고도 그렇고, 화재도 그렇고 연말에는 대형 사고가 발생하기 쉽다.

- 最近はインターネットといいSNSといい人を傷つける言葉があふれている。
  요즘은 인터넷도 그렇고, SNS도 그렇고, 사람에게 상처를 주는 말이 넘쳐난다.

- 体力といい記憶力といい歳を取ると弱くなるものが増える。
  체력도 그렇고, 기억력도 그렇고, 나이가 들면 약해지는 것이 늘어난다.

- このお茶は味といい香りといい今まで飲んだお茶の中で最高だ。
  이 차는 맛도 그렇고, 향도 그렇고, 지금까지 마신 차 중에 최고이다.

- 餃子といいチャーハンといい子供は中国料理が大好きです。
  만두도 그렇고, 볶음밥도 그렇고, 아이는 중국요리를 매우 좋아합니다.

～とか ～とか

「～といい ～といい」가 문장체 표현이기 때문에 회화에서는 「～とか ～とか ~라든가 ~라든가, ~라든지, ~라든지」를 많이 사용한다. 또한 「～といい ～といい」에서 제시되는 예시는 특별히 선택된 요소라는 뉘앙스를 주지만, 「～とか ～とか」는 단순히 예시를 열거하는 느낌이다.

・日程を延期するとか他の人を行かせるとか他に方法はあるでしょう。
일정을 연기하거나 다른 사람을 가게 하거나 달리 방법은 있겠죠.

・了解したとか認められないとか何か言っていませんでしたか。
양해했다든가 인정할 수 없다든가 뭔가 말하지 않았나요?

・デザインがいいとか悪いとかいうより機能に注目している。
디자인이 좋다거나 나쁘다거나 하는 것보다 기능에 주목하고 있다.

・好きだとか嫌いだとかいって解決する問題じゃない。
좋아한다느니 싫어한다느니 해서 해결될 문제가 아니야.

・ランチとかおやつとか簡単に食べる時にこれはいい。
점심이나 간식이나 간단히 먹을 때 이게 좋아.

・電車とかバスとか公共交通を利用して来てください。
전철이나 버스 같은 대중교통을 이용해서 오세요.

・2人とか3人とか少人数でも利用できる便利なキャンプセットです。
두 명이나 세 명이나 적은 인원이라도 이용할 수 있는 편리한 캠핑 세트입니다.

・今日とか明日とかそんなに急ぐものじゃありません。
오늘이라든가 내일이라든가 그렇게 서둘러야 할 일이 아닙니다.

というところだ

~라고 하는 정도이다

주어진 단계에서의 상황을 설명하는 표현이다. '~이상은 아니다, (기껏해야) ~정도이다'라는 뉘앙스가 있다. 부정적인 느낌이라기보다 대략 어느 정도인지를 나타내는 말이다.

명사 + というところだ

- A 今年後半の成長率はどのぐらいでしょうか。
  올해 후반의 성장률은 어느 정도 될까요?

  B 5％まではいかないで４.２％というところですね。
  5%까지는 안 가고 4.2%정도인 것 같아요.

- A この村の人口はどのぐらいですか。
  이 마을의 인구는 얼마나 됩니까?

  B 最近若い人が減って6,000人というところかな。
  요즘 젊은 사람이 줄어들어 6,000명 정도가 아닐까 싶네.

- 日本語能力試験N1の合格率は大体30％というところですね。
  일본어능력시험 N1 합격률은 대략 30% 정도이지요.

- 柔道の準決勝まで進めそうな選手はせいぜい佐藤、鈴木というところです。
  유도 준결승까지 진출할 것 같은 선수는 기껏해야 사토, 스즈키 선수 정도입니다.

「〜というところだ」와 동일한 의미의 회화체 표현으로는 「〜といったところだ」,
「〜ってところだ」가 있다.

- 高校生がなりたい職業のベスト 3 は教師、医師、看護士といったと
  ころです。　고등학생이 되고 싶은 직업 베스트 3는 교사, 의사, 간호사 정도입니다.

- A　このアルバイトの日給はいくらぐらいになりますか。
  이 아르바이트의 일당은 얼마 정도 됩니까?

  B　平均して 1 万円といったところです。
  평균해서 만 엔 정도입니다.

- A　この地方の名物は何ですか。
  이 지방의 명물은 무엇입니까?

  B　そうですね。そばとりんごとワインといったところでしょうか。
  글쎄요. 메밀과 사과와 와인 같은 것 정도일까요.

- 新商品の販売時期は6月、価格は2,000円ってところです。
  신상품의 판매 시기는 6월, 가격은 2,000엔 정도입니다.

- 初デートの感想？ お金がかかったけど気分は最高ってところですね。
  첫 데이트 소감? 돈이 (많이) 들었지만 기분은 최고라고 할까요.

- 趣味は…映画と旅行ってところですかね。
  취미는…영화와 여행 정도일까요.

035

というもの

~라고 하는 (긴) 시간 동안

기간이나 시간을 나타내는 명사와 함께 쓰면, '그 기간(시간) 동안 쭉 그랬었다'고 회상하는 표현이 된다. 따라서 뒤에는 과거의 문장만 올 수 있다.

명사 + というもの

・不合格になってから数日間というもの何も手につかなかった。
불합격이 된 후 며칠 동안은 아무것도 손에 잡히지 않았다.

・事件が報道されて一週間というもの毎日電話が鳴り続けていた。
사건이 보도된 지 일주일 동안 매일 전화가 계속 걸려 왔다.

・寿司の職人を目指して以来この5年というもの、寿司の事を考えない日はなかった。
초밥 장인을 목표로 한 이래 지난 5년 동안, 초밥에 대해 생각하지 않은 날은 없었다.

・飛行機に乗っている8時間というもの退屈で死にそうだった。
비행기를 타고 있는 8시간 동안 지루해서 죽을 뻔했다.

・救助のゴールデンタイムである72時間というもの居ても立ってもいられなかった。 구조의 골든 타임인 72시간 동안 안절부절못했다.

・就職が決まらなかった何か月の間というものどう過ごしたのか覚えていない。 취직이 결정되지 않았던 몇 달 동안 어떻게 지냈는지 기억이 안 난다.

～というものだ

「～というものだ」는 말하는 사람이 어떤 사실을 보고 그것에 대해 평가할 때 사용하는
표현이다. 앞에서 배운「(시간 · 기간) 명사 + というもの」와는 의미가 다르다.

· 動物と一緒にいることで心が軽くなったとしたらそれは癒されたと

  いうものだ。

  동물과 같이 있는 것으로 마음이 가벼워졌다면 그것은 치유되었다는 것이다.

· かわいく見せるためにペットに変な服を着せるのはかわいそうという

  ものです。

  귀엽게 보이기 위해 반려동물에게 이상한 옷을 입히는 것은 불쌍한 것입니다.

· 3日も食べずに歩き続けるのはあまりに過酷というものだ。

  3일 동안이나 먹지 않고 계속 걷는 것은 너무나 가혹한 것이다.

· 誰が何と言ってもその人を信じるのが友情というものだ。

  누가 뭐라고 해도 그 사람을 믿는 것이 우정이라고 하는 것이다.

· どんなに悪いことをしても自分の子供はかわいいと思うのが親という

  ものです。

  아무리 나쁜 짓을 해도 자신의 자식은 귀엽다고 생각하는 것이 부모라는 것입니다.

· コンディションが悪くても最善を尽くして観客を満足させるのが

  プロというものだ。

  컨디션이 나빠도 최선을 다해서 관객을 만족시키는 것이 프로라고 하는 것이다.

036

といえども

(설령) ~라고 해도, ~라고 하더라도

어떤 사람이나 상황을 예로 들어 '만약 그런 상황이라도'라고 말할 때 사용한다.

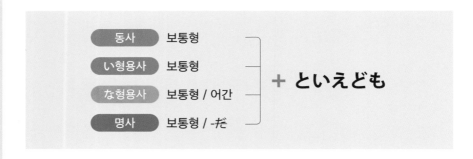

동사	보통형	
い형용사	보통형	**+ といえども**
な형용사	보통형 / 어간	
명사	보통형 / -だ	

- 昔習ったといえどももう30年も前のことで覚えていない。
  옛날에 배웠다고 해도 벌써 30년이나 전의 일이라 기억이 나지 않는다.

- 道路が混むといえども朝早い時間に出発するので車で行くしかない。
  도로가 막힌다고 해도 아침 이른 시간에 출발하기 때문에 차로 갈 수밖에 없다.

- 幼いといえどもこのくらいの判断はできるはずだ。
  어리다고 해도 이 정도의 판단은 할 수 있을 것이다.

- 画期的といえどもまだ不十分な面があるので導入には慎重になる。
  획기적이라고 하더라도 아직 불충분한 면이 있어 도입에는 신중해진다.

- 家庭料理といえどもこれほどの水準なら食堂のメニューになる。
  가정 요리라고(가정식이라고) 하더라도 이 정도 수준이라면 식당 메뉴가 될 수 있다.

● 회화에서는 「〜であっても ~라도」,「〜といっても ~라고 해도」를 많이 쓴다.

習った<ruby>習<rt>なら</rt></ruby>ったといえども　=　習ったといっても

幼<rt>おさな</rt>いといえども　=　幼いといっても

画期的<rt>かっきてき</rt>といえども　=　画期的といっても

家庭料理<rt>かていりょうり</rt>といえども　=　家庭料理といっても

・ いくらお金<rt>かね</rt>がないといっても人<rt>ひと</rt>に借<rt>か</rt>りてはいけない。
　 아무리 돈이 없다고 해도 남에게 빌려서는 안 된다.

・ 去年優勝<rt>きょねんゆうしょう</rt>したといっても今年優勝<rt>ことしゆうしょう</rt>できるかどうか分<rt>わ</rt>からない。
　 작년에 우승했다고 해도 올해 우승할 수 있을지 어떨지 모르겠다.

・ 元気<rt>げんき</rt>だといっても（元気<rt>げんき</rt>であっても）歳<rt>とし</rt>が歳<rt>とし</rt>だから無理<rt>むり</rt>はできません。
　 건강하다고 해도 나이가 나이니 만큼 무리는 할 수 없습니다.

・ 初<rt>はじ</rt>めてだといっても（初<rt>はじ</rt>めてであっても）アマチュアとしての経験<rt>けいけん</rt>は多<rt>おお</rt>い。
　 처음이라고 해도 아마추어로서의 경험은 많다.

〜といえども 〜ない　~라 해도 ~않는다(없다, 안 된다)

최소한의 수량을 예로 들어 부정의 의미를 강조하는 표현이다. (021 함께 알아 두기 참고)

・ 1日<rt>いちにち</rt>といえども休<rt>やす</rt>むことはできない。 하루라도 쉴 수는 없다.

・ 1回<rt>いっかい</rt>といえどもミスすることは許<rt>ゆる</rt>されない。
　 한 번이라도 실수하는 것은 용납되지 않는다.

・ 1円<rt>いちえん</rt>といえども無駄遣<rt>むだづか</rt>いすることはできない。
　 1엔이라도(한 푼이라도) 낭비할 수는 없다.

・ 1分<rt>いっぷん</rt>といえども遅<rt>おく</rt>れてはいけません。 1분이라도 늦어서는 안 됩니다.

037

といったらない

~는 말로 다 할 수 없다

'도저히 말로 표현할 수 없을 정도로 ~하다'라는 의미이다. 어떤 상태나 정도가 극단적이고 심함을 나타내는 표현이며, 긍정적 · 부정적 평가 모두 나타낼 수 있다.

い형용사	기본형 / 명사형	+ **といったらない**
な형용사	어간 / 명사형	

- 今度のテストは難しいったらなくてほとんどできなかった。
  이번 시험은 말도 못하게 어려워서 거의 풀지 못했다.

- 年末の時は忙しいといったらない。
  연말 때는 말도 못하게 바쁘다.

- 大学の先生たちの集まりだったからその堅苦しさといったらなかった。 대학교수들의 모임이었기 때문에 그 딱딱함은 이루 말할 수 없었다.

- 会議が3時間続いて本当に退屈といったらなかった。
  회의가 세 시간이나 계속되어서 정말 지루하기 짝이 없었다.

- 新しくできたショッピングモール、にぎやかといったらない。
  새로 생긴 쇼핑몰, 말도 못하게 붐볐다.

- 戦争が続く街で生活する人々の悲惨さといったらなかった。
  전쟁이 계속되는 거리에서 생활하는 사람들의 비참함은 이루 말할 수 없었다.

「〜といったらない」는 회화체 표현이라 격식을 차린 장소에서는 쓰지 않는다. 또한 「〜ったらない」,「〜ったらありません」,「〜といったらありゃしない」 등 다양한 변형 형태가 있다. 일상 회화에서는「〜といったら…」로 문장을 끝내는 경우도 있다.

- 隣の家にイヌが3匹いてそのうるささったらない。

  옆집에 강아지가 세 마리 있어서 얼마나 시끄러운지 몰라.

- 急に挨拶をさせられて恥ずかしさったらなかったよ。

  갑자기 인사하라고 해서 얼마나 창피했는지 몰라.

- クリーンルームだから部屋の清潔さったらないよ。

  클린 룸이기 때문에 방의 청결함이란 이루 말할 수 없어.

- 引っ越したところは近くにコンビニしかなくて不便ったらない。

  이사간 곳은 근처에 편의점밖에 없어서 불편하기 짝이 없어.

- 佐藤さんは性格なのか真面目ったらありませんね。

  사토 씨는 성격이 그런지 부지런하기 이를 데 없네요.

- 今月使えるお金があと2万円しかないから心細いったらありません。

  이번 달에 쓸 수 있는 돈이 앞으로 2만 엔밖에 없어서 불안하기 짝이 없습니다.

- 毎日雨が続いているから部屋が湿っぽいといったらありゃしない。

  매일 비가 계속 내려와서 방이 눅눅하기 짝이 없어.

- チャーハンに塩と間違えて砂糖を入れたらまずいったらありゃしない。

  볶음밥에 소금으로 잘못 알고 설탕을 넣었더니 맛없기 짝이 없네.

- 新幹線に初めて乗ったけどその速さったら…

  처음으로 신칸센을 탔는데 그게 얼마나 빨랐던지…

038

といわず ～といわず

~도 ~도, ~도 그렇고 ~도 그렇고

어떤 것의 일부분을 예로 든 뒤, '이것을 비롯하여 모두 다~'라고 표현할 때 사용한다.

> 명사 + **といわず** 　 명사 + **といわず**

・この頃は朝といわず夜といわずオートバイで品物を配達する人た
　ちが多い。 요즘은 아침저녁 할 것 없이 오토바이로 물건을 배달하는 사람들이 많다.

・日本では山といわず川といわずどこにでも温泉がある。
　일본에서는 산도 그렇고 강도 그렇고 어디에나 온천이 있다.

・タクシーは予約車が多くて、駅前といわず通りといわずタクシー
　が捕まらない。 택시는 예약 차가 많아서 역 앞도 길거리도 택시가 잡히지 않는다.

・音楽の好きな林さんはピアノといわずギターといわずたいていの
　楽器ができる。
　음악을 좋아하는 하야시 씨는 피아노, 기타 할 것 없이 웬만한 악기를 다 연주할 수 있다.

・料理研究のためフランスといわずイタリアといわず世界中を回っ
　た人が店を開いた。
　요리 연구를 위해 프랑스, 이탈리아 할 것 없이 전 세계를 돌아다닌 사람이 가게를 열었다.

～であれ VS ～だろうが VS ～であっても

세 표현 모두 '두 가지 상황을 예로 들어 어떤 조건이나 상황이라도 변함없거나 영향받지 않는다'는 것을 말할 때 사용한다.

・日本人であれ外国人であれ基本的な人権は守られる。

일본인이든 외국인이든 기본적인 인권은 지켜진다.

・大人であれ子供であれ約束を守るのは当然だ。

어른이든 아이든 약속을 지키는 것은 당연하다.

・雨だろうが雪だろうが今度の旅行は絶対に行きます。

비가 오든 눈이 오든 이번 여행은 반드시 갈 겁니다.

・親だろうが先生だろうが関係ない。子供の将来は自分で考え決めるべ

きだ。 부모든 선생님이든 상관없다. 아이의 장래는 스스로 생각하고 결정해야만 한다.

・平日であっても休日であっても忙しい時は仕事を休めません。

평일이든 휴일이든 바쁠 때는 일을 쉴 수 없습니다.

・和食であっても洋食であってもランチの料金は同じです。

일식이든 양식이든 점심 요금은 동일합니다.

とおもいきや

~라고 생각했는데

예상했던 것과 다른 결과가 나타나 '의외다'라는 기분을 표현할 때 사용한다. 예스러운 표현이지만, 문장이나 격식 차린 자리에서는 쓰지 않는다. 뒤에 오는 문장은 반드시 과거형이 온다.

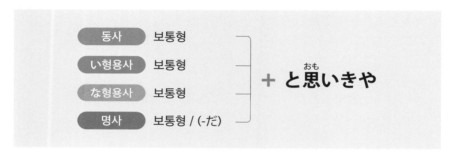

동사	보통형	
い형용사	보통형	
な형용사	보통형	**+ と思いきや**
명사	보통형 / (-だ)	

- その車は信号を右に曲がると思いきやそのまままっすぐ走って行った。
  그 차는 신호(등)에서 우회전할 줄 알았는데 그대로 똑바로 달려갔다.

- 子供がまだ寝ていると思いきやベッドでこっそりゲームをしていた。
  아이가 아직 자고 있는 줄 알았는데 침대에서 몰래 게임을 하고 있었다.

- 彼は自分より若いと思いきや10歳も年上だと分かって驚いた。
  그는 나보다 젊다고 생각했는데 열 살이나 연상이라는 것을 알고 놀랐다.

- 山田さんの生活は質素だと思いきや大きく立派な家に住んでいた。
  야마다 씨의 생활은 검소하다고 생각했는데 크고 근사한 집에 살고 있었다.

- ヘアスタイルと服装から女性(だ)と思いきや近くで見ると若い男性だった。
  헤어스타일과 옷차림으로 보아 여성인 줄 알았는데 가까이서 보니 젊은 남성이었다.

～かと思いきや   ~은가(인가) 싶었는데

「～と思いきや」 앞에 의문을 나타내는 종조사 「か」가 들어간 표현으로, 의미는 같다.

· 家にいるかと思いきや誰もいなかった。

집에 있나 싶었는데(있는 줄 알았는데) 아무도 없었다.

· スーパーが安いかと思いきやそうでもなかった。

슈퍼가 저렴한가 싶었는데(저렴한 줄 알았는데) 그렇지도 않았다.

· まだ学生かと思いきやもう社会人だった。

아직 학생인가 싶었는데(학생인 줄 알았는데) 벌써 직장인이었다.

· 公園は静かかと思いきや意外とうるさかった。

공원은 조용한가 싶었는데(조용한 줄 알았는데) 의외로 시끄러웠다.

· 雨の音かと思いきやテレビの音だった。

빗소리인가 싶었는데(빗소리인줄 알았는데) TV 소리였다.

· 昼は暑いかと思いきや秋風が吹いて涼しかった。

낮에는 더운가 싶었는데(더울 줄 알았는데) 가을바람이 불어 시원했다.

· 先に帰ったかと思いきや会社の前で私を待っていた。

먼저 퇴근했나 싶었는데(퇴근한 줄 알았는데) 회사 앞에서 나를 기다리고 있었다.

ときたら

~로 말할 것 같으면, ~로 말하자면

가까운 사람이나 사물 등을 화제로 삼아 비난하거나 불만을 나타낼 때 쓰는 표현이다.

명사 ＋ ときたら

・旦那ときたら家のことは全部私に任せきりで腹が立つわ。
우리 남편이란 인간은 집안일은 모두 나에게 맡기기만 해서 화가 나.

・イヌは外に出たがるものだけど、うちのイヌときたら家から出ようとしない。
강아지는 밖에 나가고 싶어하는데 우리 집 강아지는 집에서 나가려고 하지 않아.

・会社のパソコンときたらしょっちゅう故障して仕事になりません。
회사 컴퓨터는 걸핏하면 고장 나서 일이 안 돼요.

・本の好きな子がうらやましい。うちの子ときたらスマホしかないんだから。 책을 좋아하는 애가 부러워. 우리 애는 스마트폰밖에 (마음에) 없다니까.

・今年の新入社員ときたら、ろくに挨拶もできない。
올해 신입 사원은 제대로 인사도 못해.

・最近のニュースときたら、憂鬱になることばかり伝えている。
요즘 뉴스는 우울해지는 것만 전하고 있어.

～ときたら vs ～といったら

「～ときたら」가 비난, 불만 등을 말하는 표현인 데 비해「～といったら ~로 말할 것 같으면」는 놀라거나 질림, 감탄 등을 나타낼 때 쓰는 표현이다.

· 山田さんときたらいつもつまらない冗談を言う。

야마다 씨는 늘 재미없는 농담을 한다.

· その担当者ときたら「締め切りを守れ」が口癖だ。

그 담당자는 '마감일을 지켜라'가 입버릇이다.

· ここの料理長ときたら腕はいいんだけど口が悪くて困る。

여기 주방장은 솜씨는 좋은데 입이 험해서 곤란해.

· 教室の時計ときたら何回直しても時間が合わなくなる。

교실 시계는 몇 번 맞춰도 시간이 맞지 않게 된다.

· ここからの景色といったら言葉が出ないくらい素晴らしい。

여기서 보는 경치로 말할 것 같으면 말이 안 나올 정도로 멋져.

· 日本料理のおいしさといったら、まるで芸術品だと思う。

일본 요리의 맛으로 말할 것 같으면, 마치 예술 작품이라고 생각한다.

· 日本の電車の正確さといったら、どの国も真似できないでしょう。

일본 전철의 정확함으로 말할 것 같으면, 어느 나라도 흉내를 낼 수 없을 거예요.

· 日本の伝統といったら「祭り」や「着物」が思い浮かぶ。

일본의 전통으로 말할 것 같으면, '축제'나 '기모노'가 떠오른다.

다음 문장의 (　　)에 넣기에 가장 적당한 것을 1·2·3·4에서 하나 고르세요.

1　あの時彼が言った言葉は一瞬(　　　)忘れたことはない。

　　1　すらでも　　2　であれば　　3　たりとも　　4　までさえ

2　彼女とは5回も偶然に会った。これが運命(　　　　)。

　　1　というものではないだろう

　　2　であることは分からないだろう

　　3　になるにはどうすればいいだろう

　　4　でなくてなんだろう

3　ずっと応援してきたチームの優勝を期待して(　　　)。

　　1　分かりません　　　　　　　　2　やみません

　　3　仕方ありません　　　　　　　4　たまりません

4　ホラー映画じゃ(　　　)こんなところに死体があるはずがない。

　　1　あるまいし　2　あるだけに　3　ないとしても4　ないときは

5　彼女は語学が好きで英語(　　　)アラブ語(　　　)10か国語を習得した。(　)에는 같은 말이 들어감

　　1　といわず　　2　といっても　3　でも　　　　4　にしても

어휘

一瞬 일순, 한순간　　偶然に 우연히　　運命 운명　　ホラー映画 공포 영화　　習得 습득

6 緊急（　　　　）ヘリコプターで捜索を依頼することもできる。

   1　であっても　2　としては　3　にあっても　4　とあれば

7 今年の赤字は去年の半分で1,500万円（　　　　）です。

   1　というもの　　　　　　　2　というところ
   3　になるころ　　　　　　　4　になっている

8 自分以外は役員ばかりだったから居心地が悪い（　　　　）。

   1　ということこの上ない　　2　といってもいい
   3　といったらなかった　　　4　とは言えなかった

9 難しい人だと（　　　　）実際に話すといろいろ共通点があることが分かった。

   1　思えばこそ　2　思いがちで　3　思うべきと　4　思いきや

10 お客さんの（　　　　）この商品は型が古いと思わせてはいけない。

   1　うしろ　　　2　てまえ　　　3　そばで　　　4　うえで

緊急 긴급　捜索 수색　依頼 의뢰　赤字 적자　役員 임원, 간부　居心地 어떤 자리에 있을 때의 느낌(기분)　居心地が悪い 있기 불편하다(편치 않다)　共通点 공통점

97

다음 문장의 ___★___에 들어가기에 가장 적당한 것을 1·2·3·4에서 하나 고르세요.

1　スピードスケートは最後に _____ _____ __★__ _____ 場面が魅力だ。

　　1　つ　　　　　2　する　　　　3　抜かれ　　　4　抜きつ

2　それが _____ _____ __★__ _____ する道を選んだのはえらいと思う。

　　1　親から　　　2　何　　　　　3　であれ　　　4　自立

3　就職が決まらなかったこの _____ _____ __★__ _____ 手につかなかった。

　　1　何も　　　　2　という　　　3　数か月　　　4　もの

4　知らない土地への不安が _____ _____ __★__ _____ 犯行を引き起こしたようです。

　　1　相まって　　2　住民　　　　3　不信と　　　4　への

5　20年ぶりの _____ _____ __★__ _____ どんなに変わったか想像もできない。

　　1　再会　　　　2　が　　　　　3　とあって　　4　友達

──| 어휘 |──

抜く 추월하다, 앞지르다　　犯行 범행　　引き起こす 일으키다　　再会 재회

6 朝であれ午後 _____ _____ ★ _____ 見られるからダンスの
練習は夜にしよう。

1 あれ 2 日中は 3 で 4 人に

7 課長と _____ _____ ★ _____ の人は様々な経験を積んで
います。

1 いい 2 といい 3 管理職 4 部長

8 一か月前に殺人事件が起きて _____ _____ ★ _____ 夜道は
一人で歩けない。

1 と 2 いう 3 もの 4 から

9 この頃の食堂 _____ _____ ★ _____ メニューがほとんど
見当たらない。

1 きたら 2 と 3 の 4 1,000円以下

10 これだけの技術があれば _____ _____ ★ _____ 教えるの
も無理じゃない。

1 人に 2 と 3 いえども 4 素人

日中 주간, 낮 동안   経験を積む 경험을 쌓다   管理職 관리직   殺人 살인   夜道 밤길
見当たる 발견되다, 눈에 띄다   素人 초보자, 아마추어, 비전문가

99

ところ(を)

~임에도 불구하고, ~인데도, ~는 중에

'이러한 상황임에도 불구하고 ~해 주어서 감사하다, 미안하다, 송구스럽다'라고 할 때 쓰며, 관용적인 인사 표현이 많다. 이 외에도 '~하는 중에'라고 상황을 말할 때 쓰기도 한다.

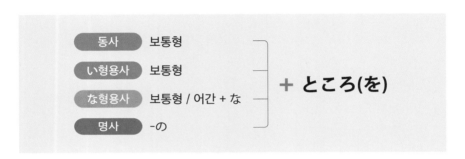

동사	보통형	
い형용사	보통형	**+ ところ(を)**
な형용사	보통형 / 어간 + な	
명사	-の	

・ せっかく休んでいるところをわざわざ来てもらってすみません。
  모처럼 쉬시는데 일부러 와 주셔서 감사합니다.

・ 今から帰ろうというところ急に仕事を頼んで申し訳ない。
  이제 돌아가려고 하는데 갑자기 일을 부탁해서 미안해.

・ やっと問題が解決したところまた別の問題が起きて困っている。
  간신히 문제가 해결됐는데 또 다른 문제가 일어나서 곤란하다.

・ お忙しいところ、お手伝いいただきありがとうございました。
  바쁘신 중에 도와주셔서 감사합니다.

・ 暑いところここまで来てくれて助かります。
  더운데 여기까지 와 줘서 감사해요.

・時間がないところ無理してやってくれて感謝します。

시간이 없는데도 무리해서 해 줘서 감사합니다.

・遠いところをわざわざ訪ねてくれるなんて嬉しいです。

먼데도 불구하고 일부러 찾아와 주시다니 기쁩니다.

・被害が大変なところを取材に協力してくださりありがとうございます。 피해가 큰데도 취재에 협조해 주셔서 감사합니다.

・状況が深刻なところを現場から詳細に伝えてくれました。

상황이 심각한데도 불구하고 현장에서 상세하게 전달해 주었습니다.

・こちらが必死なところを理解してくれれば嬉しい。

이쪽이 필사적이라는 것을 이해해 주었으면 좋겠다.

・計画が順調なところを妨害するようで申し訳ない。

계획이 순조로운 것을 방해하는 것 같아 송구스럽다.

・お疲れのところどうもすみません。 피곤하실 텐데 죄송합니다.

・お休みのところ事務室にまで来てくれてありがとう。

쉬는 날인데 사무실까지 와 주어서 고맙다.

・会議中のところすみませんが、急な電話だそうです。

회의 중에 죄송합니다만, 급한 전화라고 합니다.

・ご多忙のところ恐縮ですが、資料の確認をお願いできますか。

바쁘신 중에 죄송합니다만, 자료 확인을 부탁드릴 수 있을까요?

とは

~라니

예상 밖의 상황에 대해 놀라거나 감동할 때 쓰는 말로, 회화에서는「～なんて」,「～って」 등을 더 많이 사용한다.

- 一回聞いただけで答えが分かるとはずいぶん勉強したんですね。
  한 번 듣기만 해도 답을 알 수 있다니 꽤 공부를 했군요.

- その時間に駅前のカフェにいたとは知りませんでした。
  그 시간에 역 앞 카페에 있었다니 몰랐습니다.

- 冬でもこんなに暖かいとは今まで経験したことがありません。
  겨울에도 이렇게 따뜻하다니 지금까지 경험해 본 적이 없습니다.

- データの管理がこんなにいい加減だとは自分でも気を付けなくちゃ。
  데이터 관리가 이렇게 허술하다니 나도 조심해야지.

- あんなに日本語が上手なのに外国人とは信じられない。
  저렇게 일본어를 잘하는데 외국인이라니 믿어지지 않는다.

- 今はあんなに太っている人が昔は水泳の選手だったとは驚きです。
  지금 저렇게 살찐 사람이 옛날에는 수영 선수였다니 놀랍습니다.

~なんて

회화에서는 「~とは」 대신 「~なんて ~이라니, ~하다니」를 더 많이 쓴다. 허물없는 사이에서만 쓰는 표현이기 때문에 격식을 차리거나 손윗사람에게는 쓰지 않는 것이 좋다.

- A そんなことを言うなんてあなたらしくない。

  그런 말을 하다니 당신답지 않아.

  B ぼくらしいって何だろう。

  나다운 게 뭔데?

- A ここのラーメンがおいしいなんて誰が言ったの？

  여기 라면이 맛있다고 누가 그랬어?

  B 昔はおいしかったって言ったのよ。

  옛날에는 맛있었다고 했어.

- A あのファッションが地味だなんて信じられない。

  저 패션이 수수하다니 믿을 수 없어.

  B ものを見る基準はみんな違うから。

  사물을 보는 기준은 다 다르니까.

- A 3月に台風だなんて！

  3월에 태풍이라니!

  B 今までの常識が通じなくなってる。

  지금까지의 상식이 통하지 않게 되고 있어.

とはいえ

~라고는 하지만, ~이기는 해도

앞의 내용을 받아 '그것은 그렇지만~' 하고 말할 때 쓰는 표현이다. 문장체 표현이기 때문에 회화에서는 「～とはいっても」를 많이 사용한다.

- 早朝だから起きたとはいえまだ半分は夢の中だ。
  이른 아침이라서 일어났다고는 해도 아직 절반은 꿈속이다.

- 値段が高いとはいえデパートの品物だけに信頼できる。
  가격이 비싸다고는 하지만 백화점 물건인 만큼 믿을 수 있다.

- 朝の空気はさわやかだとはいえ冷たいから注意しないと風邪を引く。
  아침 공기는 상쾌하기는 해도 차니까 조심하지 않으면 감기에 걸린다.

- その人は外国人だとはいえ日本の文化や習慣をよく知っている。
  그 사람은 외국인이라고는 해도 일본의 문화와 관습을 잘 알고 있다.

- 不合格だったとはいえ最後まであきらめずによく頑張ったと思う。
  불합격했다고는 하지만 끝까지 포기하지 않고 열심히 했다고 생각한다.

유사 표현 몇 가지 알아보자.

〜とはいっても   ~라고는 해도

・英語は分からないとはいっても中学で習った単語は少し覚えている。
　영어는 모른다고는 해도 중학교에서 배운 단어는 조금 기억하고 있다.

・近いとは言っても駅まで歩いて20分くらいかかります。
　가깝다고는 해도 역까지 걸어서 20분 정도 걸립니다.

〜とはいうものの   ~라고는 하지만

・風邪は治ったとはいうもののまだふらふらして歩けない。
　감기는 나았다고는 하지만 아직 어질어질해서 걸을 수 없다.

・優秀だとはいうものの子供のことだから親のサポートが必要だ。
　우수하다고는 하지만 어린아이라서 부모의 지원이 필요하다.

〜とはいいいながら   ~라고 하면서, ~라고는 하지만

・ボウリングは初めてだとはいいながらストライクを続けて3回も出した。
　볼링은 처음이라고 하면서 스트라이크를 내리 세 번이나 쳤다.

・一人が好きだとはいいながら誰かと一緒に飲みたい時もある。
　혼자가 좋다고는 하지만 누군가와 함께 술을 마시고 싶을 때도 있다.

044

とばかり(に)

~듯이, ~처럼, ~같이

실제로 말로 하지는 않지만 마치 그런 것처럼 행동하는 것을 나타낼 때 쓰는 표현이다.
말하는 사람이 자신의 행동이 아닌, 다른 사람의 행동을 말할 때 사용한다.

- 私が送ったサインに彼は「分かった」とばかりに大きくうなずいた。
  내가 보낸 사인에 그는 알았다는 듯이 크게 고개를 끄덕였다.

- 今にも走り出しそうとする選手をまだ早いとばかりに監督が制止
  した。 당장이라도 달려 나가려고 하는 선수를 아직 이르다는 듯이 감독이 제지했다.

- 娘の子供の頃の写真を見ていた父が懐かしいとばかりに目を細めた。
  딸의 어린 시절 사진을 보던 아버지가 그립다는 듯이 눈을 가늘게 떴다. (미소를 지었다.)

- 妻の自慢の料理を食べた彼は最高だとばかりに親指を立てて見せた。
  아내의 주특기 요리를 먹은 그는 최고라는 듯이 엄지손가락을 치켜세워 보였다.

- 先生はその考えは誤りだとばかりに強く首を振った。
  선생님은 그 생각이 잘못되었다는 듯이 강하게 고개를 저었다.

〜と言わんばかりに

「〜とばかりに」와 유사한 표현으로 「〜と言わんばかりに ~말하려는 듯이, ~하는 듯이」가 있다. 「言わん」은 「言おうとする 말하려고 하다」라는 뜻인데, 「〜と言うように」를 좀 더 확실하게 표현하기 위해 「〜と言わんばかりに」를 쓰기도 한다.

- 相手の選手はこれが最後と言わんばかりに猛攻撃を始めた。
  상대 선수는 이번이 마지막이라는 듯이 맹공격을 시작했다.

- 子供はテレビなんかつまらないと言わんばかりにずっとスマホを見ていた。 아이는 TV 따위 재미없다는 듯이 계속 스마트폰을 보고 있었다.

- メールには「もう二度と来るな」と言わんばかりに強い拒絶の言葉が書かれていた。 메일에는 두 번 다시 오지 말라는 듯이 강한 거절의 말이 적혀 있었다.

● 「とばかり(に)」가 들어간 관용 표현

'바로 이때, 절호의 기회'라는 의미로, 「ここぞとばかりに」, 「ここだとばかりに」, 「この時とばかりに」를 쓴다.

- 政治家が逮捕されるとマスコミがここぞとばかりに集中砲火を浴びせた。 정치가가 체포되자 언론이 바로 이때라는 듯이 집중 포화를 퍼부었다.

- 相手の守備が乱れた時、チームはここだとばかりに総攻撃を始めた。 상대의 수비가 흐트러졌을 때, 팀은 때가 왔다는 듯이 총공격을 시작했다.

- 先頭のランナーがゴールに近づくとこの時とばかりに大きな声援が起きた。
  선두 주자가 결승선에 다가오자 바로 이때라는 듯이 큰 성원이 일어났다.

045

ともあろう

~처럼 훌륭한, 명색이 ~라고 하는

사회적으로 높이 평가를 받고 있는 사람이나 직책, 기관 등이 그에 걸맞지 않는 행동을 하거나 실망을 시켜 비판을 할 때 쓰는 표현이다.

명사 **+ ともあろう** 명사

- 政治家ともあろう人が国民に嘘をついていたら政治家の資格はない。
  명색이 정치인이라는 사람이 국민에게 거짓말을 하고 있었다면 정치인의 자격은 없다.

- 校長ともあろう人が学校のお金を個人的に使うなんて許せない。
  교장이라는 사람이 학교 돈을 개인적으로 쓰다니 용서할 수 없다.

- 警察官ともあろう者が反社会勢力に協力するとは信じられない。
  경찰관이라는 자가 반사회 세력에 협조하다니 믿을 수가 없다.

- 親ともあろう者が小さな子供を置いて一人で遊びに行ってしまう

  とは。 부모라는 사람이 어린애를 놔두고 혼자 놀러 가 버리다니.

- 国民の税金で運営される放送局ともあろうところが情報を流出さ

  せてはいけない。
  국민 세금으로 운영되는 방송국이라는 곳이 정보를 유출시켜서는 안 된다.

- 国権の最高機関ともあろう国会がその役割を果たせないのは深刻

  な問題だ。
  국권의 최고 기관이라는 국회가 제 역할을 다하지 못하는 것은 심각한 문제이다.

일반적으로 회화에서는 「～という ~라는, ~라고 하는」, 「～である ~인」를 사용하는 경우가 많은데 「～ともあろう」처럼 상대방을 비난하거나 비판하는 뉘앙스가 강하지는 않다.

・顧問という人は法的には会社を代表できない。
고문이라는 사람은 법적으로는 회사를 대표할 수 없다.

・後継者という人が初めて公にその姿を現した。
후계자라는 사람이 처음으로 공개적으로 그 모습을 드러냈다.

・教師という人が簡単な漢字を間違えた。
교사라는 사람이 간단한 한자를 잘못 썼다.

・名人という方が初めての人に負けるとはショックです。
명인이라는 분이 처음으로 하는 사람에게 지다니 충격입니다.

・警察官である者が犯罪を犯した。
경찰관인 자가 범죄를 저질렀다.

・国権の最高機関である国会がその役割を果たせない。
국권의 최고 기관인 국회가 제 역할을 다하지 못한다.

・弁護士である者が個人情報を流出するとは信じられない。
변호사인 자가 개인 정보를 유출하다니 믿을 수 없다.

・アニメの聖地である地方都市に観光客が押し寄せた。
애니메이션 성지인 지방 도시에 관광객이 몰려들었다.

046

ともなく / ともなしに

(그냥) 별 생각 없이 ~하는데, 꼭 ~하려는 건 아닌데

어떤 동작이 확실한 의도나 목적 없이 무의식적으로 이루어지고 있음을 나타내는 표현이다. 「見る 보다」, 「聞く 듣다」, 「読む 읽다」, 「覚える 기억하다」 등의 동사와 함께 쓰이는 경우가 많다.

> **동사** 기본형 **+ ともなく / ともなしに**

- 電車の中で隣に座った人の話を聞くともなく聞いていた。
  전철 안에서 옆자리에 앉은 사람의 이야기를 무심결에 듣고 있었다.

- テレビのニュースを見るともなく見ていると近くで火事があったようだ。 TV 뉴스를 멍하니 보고 있는데, 근처에서 화재가 있었던 모양이다.

- 読むともなく雑誌のページをめくっていると自分の名前が呼ばれた。
  별 생각 없이 잡지 페이지를 넘기고 있는데, 내 이름이 불렸다.

- そのカフェではいつも同じ曲が流れるので覚えるともなしに覚えてしまった。
  그 카페에서는 항상 같은 곡이 흘러나와서 외우려고 한 건 아니지만 외워 버렸다.

- 友達を待つともなしに待っていると会社から出てくるのが見えた。
  친구를 멍하니 기다리고 있는데 회사에서 나오는 것이 보였다.

의문사 + (조사) + ともなく / ともなしに

「どこ 어디」,「いつ 언제」,「誰 누구」,「どちら 어느 쪽」 등의 의문사와 연결될 때는 '어느 부분이라고 특정할 수는 없지만'이라는 의미를 나타내며, 내용이 확실하지 않은 것을 말할 때 사용한다.

・学校に行くとどこからともなくカレーの匂いがした。
　학교에 가니 어디선가 카레 냄새가 났다.

・試験に合格したことが分かった日、誰にいうともなく「やったー」と
　叫んだ。 시험에 합격한 것을 알게 된 날, 누구에게랄 것도 없이 '아싸~'하고 외쳤다.

・二人は喧嘩した後、どちらからともなく謝っていつの間にか仲直り
　していた。
　두 사람은 싸우고 나서 어느 쪽이 먼저라고 할 것 없이 사과하고 어느새 화해하고 있었다.

・彼女はいつも眠っていたので誰ともなしに「眠り姫」と言うようになった。
　그녀는 언제나 잠자고 있어서 누가 말했는지 모르지만 (어느 틈엔가) '잠자는 공주'라고 부르게 되었다.

・昔そこで映画の撮影をしたのでいつからともなしに映画の丘と呼ば
　れていた。
　옛날에 거기서 영화 촬영을 했기 때문에 언제부터인가 '영화의 언덕'이라고 불렸다.

ともなると

~이 되면, ~정도가 되면

어떤 분야나 영역에서 다른 것과 비교해 특별하거나 보통 이상일 때 쓰는 표현이다. 사장, 대통령, 대학교수처럼 일반적인 직책이나 명칭에 붙여 많이 사용한다.

명사 **+ ともなると**

- 大きな会社の社長ともなると会社で運転手付きの自動車を提供してくれる。

  큰 회사의 사장 정도가 되면 회사에서 운전기사가 딸린 자동차를 제공해 준다.

- 小国でも大統領ともなると専用の警護員が24時間周辺を警護している。 작은 나라라도 대통령 정도가 되면 전용 경호원이 24시간 주변을 경호하고 있다.

- 幼稚園までは大人の手伝いが必要だったが小学生ともなると全部一人でする。

  유치원까지는 어른의 도움이 필요했지만 초등학생 정도가 되면 전부 혼자서 한다.

- 文化財もいろいろあるが「国宝」ともなると外国への輸出は禁じられる。 문화재도 여러 가지 있지만 '국보' 정도가 되면 외국으로의 수출은 금지된다.

- 会社の面接試験ともなると緊張して足が震えてきそうだ。

  회사 면접시험 정도가 되면 긴장돼서 다리가 떨릴 것 같다.

～ぐらいになると

회화에서는 유사 표현인「～ぐらいになると ~정도가 되면」를 많이 사용한다.

・店長ぐらいになるとアルバイトの給料も決められる。

점장 정도가 되면 아르바이트의 급여도 결정할 수 있다.

・冬は5時すぎぐらいになるともう暗くなる。

겨울에는 5시 넘은 시간쯤이면 벌써 어두워진다.

・仕事の経験が10年ぐらいになるとどんなことでもできる。

업무 경험이 10년 정도 되면 어떤 일이라도 할 수 있다.

・イヌと言ってもドーベルマンぐらいになると子供には飼えない。

개라고 해도 도베르만 정도가 되면 어린아이는 기르기 어렵다.

・日本料理も懐石料理ぐらいになると芸術といってもいいです。

일본 요리도 가이세키 요리 정도가 되면 예술품이라고 해도 좋습니다.

・国家試験も司法試験ぐらいになると浪人は覚悟しなければならない。

국가 시험도 사법 고시 정도가 되면 재수는 각오해야 한다.

ないまでも

~하지는 못하지만, ~하지는 못해도

'그 정도까지는 아니지만 적어도 이 정도는'이라는 의미로, 앞에서 말하는 정도까지는 아니더라도 가능한 한 가까운 선까지는 하겠다는 마음을 나타내는 표현이다.

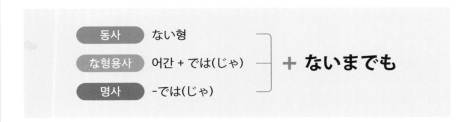

동사	ない형	
な형용사	어간 + では(じゃ)	**+ ないまでも**
명사	-では(じゃ)	

- お酒は完全に止められないまでも量を減らすつもりです。
  술은 완전히 끊지는 못해도 양을 줄일 생각입니다.

- 親孝行はできないまでも親に心配をかけないことを心掛けている。
  효도는 못해도 부모님께 걱정을 끼치지 않을 것을 명심하고 있다.

- 1人暮らしは快適ではないまでも、他の人に気を使わないから楽だ。
  혼자 사는 것은 쾌적하지는 못해도 다른 사람에게 신경을 쓰지 않아서 편하다.

- 全部ではないまでも多くの人が現在の社会に不満を持っている。
  전부는 아니지만 많은 사람들이 현재의 사회에 불만을 갖고 있다.

- 本業ではないまでも趣味程度で子供に英語を教えている。
  본업까지는 아니지만 취미 정도로 아이들에게 영어를 가르치고 있다.

～までもない

형태가 유사해 보이지만 의미가 다르다. 「～までもない ~할 필요도 없다」가 들어간 관
용 표현「言_いうまでもない 말할 필요도 없다(당연히 그렇다)」는 일상생활에서도 자주 사
용되는 말이니 예문과 함께 기억해 두자.

- 先生_{せんせい}はパーティーは嫌_{きら}いだから来_こないよ。聞_きくまでもないね。
  선생님은 파티를 싫어하셔서 안 오실 거야. 여쭤볼 필요도 없어.

- あの店_{みせ}はいつも客_{きゃく}がいないから予約_{よやく}するまでもないでしょう。
  그 가게는 항상 손님이 없으니까 예약할 필요도 없겠죠.

- 空_{そら}には雲_{くも}一_{ひと}つない快晴_{かいせい}だから天気予報_{てんきよほう}は見_みるまでもない。
  하늘에는 구름 한 점 없는 쾌청한 날씨니 일기 예보는 볼 필요도 없다.

- マカロンがどれほど甘_{あま}いか食_たべるまでもなく分_わかってる。
  마카롱이 얼마나 단지 먹을 필요도 없이 알고 있다.

- 田中_{たなか}さんは大阪_{おおさか}で生_うまれ育_{そだ}ったから大阪弁_{おおさかべん}ができるのは言_いうまでもない。
  다나카 씨는 오사카에서 나고 자랐기 때문에 오사카 사투리를 할 줄 아는 건 당연하다.

- 言_いうまでもなくそばはそば粉_こ、うどんは小麦粉_{こむぎこ}から作_{つく}ります。
  말할 것도 없이 소바(메밀국수)는 메밀가루, 우동은 밀가루로 만듭니다.

ない(もの)でもない

~않는 것도 아니다, ~못할 것도 없다, ~할 수도 있다

이중 부정 표현으로 '전혀 ~하지 않는 것은 아니다, ~하지 못할 것은 없다, ~할 가능성이 있다' 등의 의미로 사용한다. 여기서 「もの」는 생략 가능하다.

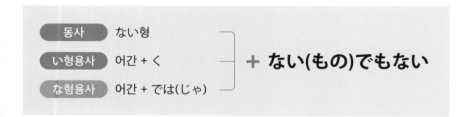

동사	ない형
い형용사	어간 + く
な형용사	어간 + では(じゃ)

+ ない(もの)でもない

- 彼の気持ちは分からないものでもないがちょっと言い過ぎた。
  그의 마음은 모르는 건 아니지만 좀 심하게 말했다.

- 最近忙しくないでもないが急ぐことなら手伝ってあげる。
  요즘 바쁘지 않은 건 아니지만 급한 일이라면 도와줄게.

- 若くて成功した彼がうらやましくないでもないが人は人、自分は自分だ。 젊어서 성공한 그가 부럽지 않은 건 아니지만 남은 남이고 나는 나다.

- その衣装は少し派手じゃないでもないが祭りだから目立ってもいい。
  그 의상은 좀 화려하긴 하지만 축제니까 눈에 띄어도 좋다.

- 子供一人では心配じゃないでもないが成長する機会だと思うことにした。 아이 혼자서는 걱정되기는 하지만 성장할 기회라고 생각하기로 했다.

～ないわけではない vs ～ないことはない

유사한 표현으로 「～ないわけではない ~지 않는 것은 아니다」, 「～ないことはない ~지 않는 것은 아니다, ~지 못할 것은 없다」 등이 있다.

・道を知らないわけではないが説明するのが難しい。

길을 모르는 것은 아니지만 설명하기가 어렵다.

・今度の旅行に行きたくないわけではないが今お金がない。

이번 여행에 가고 싶지 않은 것은 아니지만 지금 돈이 없어.

・東京に雪がまったく降らないわけではありませんが1年に2, 3回です。

도쿄에 눈이 전혀 내리지 않는 것은 아니지만 1년에 두세 번입니다.

・この地方に名物がないわけではないが初めて来た人の口に合うか分か

らない。

이 지방에 명물이 없는 것은 아니지만 처음 온 사람의 입맛에 맞을지 모르겠다.

・私が運転できないことはないがしばらく乗ってないから心配だ。

내가 운전을 못하는 것은 아니지만 한동안 타지 않아서 걱정돼.

・フランスにいたことがあるからフランス料理もできないことはない。

프랑스에 있었던 적이 있기 때문에 프랑스 요리도 못할 건 없지.

・買い物に行かないことはないけど今日は時間が遅いから無理です。

쇼핑을 가지 않는 것은 아니지만 오늘은 시간이 늦어서 무리예요.

・今から走って行けば間に合わないことはないでしょう。

지금부터 달려가면 제시간에 도착 못할 건 없겠죠. (늦지 않을 거예요.)

ながら

~면서, ~서부터 그대로

「〜ながら」를 동사에 접속할 때는 '동시 진행'을 나타낸다. 여기서는 명사에 붙이는 표현으로, '~인 상태인 채'라는 의미를 나타낸다. 관용 표현이 많으니 예문을 통해 기억해두자.

명사 ＋ **ながら**

- その店では昔ながらの方法で豆腐を作っていた。
  그 가게에서는 옛날 그대로의 방식으로 두부를 만들고 있었다.

- その人は生まれながらに音楽の才能があった。
  그 사람은 태어날 때부터(천부적으로) 음악에 재능이 있었다.

- 娘は母親の思い出を涙ながらに語った。
  딸은 어머니의 추억을 눈물 흘리면서 말했다.

- 駅前の商店街はいつもながらの賑わいを見せていた。
  역 앞의 상점가는 언제나처럼 번화함을 보이고 있었다. (붐비고 있었다.)

- この絵は我ながらよく描けたと思います。
  이 그림은 제가 생각해도 잘 그렸다고 생각합니다.

- あなたのことは陰ながら応援しています。
  당신에 대해서는 멀리서나마(마음속으로) 응원하고 있습니다.

～ながらも

「～ながらも ~이면서도, ~지만」는 역접의 의미인 「～ながら」 뒤에 「も」를 붙여 의미를 더욱 강조한 표현이다. 동사 ます형, い형용사 기본형, な형용사 + であり, 명사 + であり에 「ながらも」를 붙여 활용한다.

- 悪いこととは知りながらもお腹が空きすぎてついパンを盗んでしまった。
  나쁜 짓이라고는 알면서도 배가 너무 고파서 그만 빵을 훔치고 말았다.

- 信じていながらも心のどこかで疑っているのかもしれない。
  믿고 있으면서도 마음속 어딘가에서 의심하고 있는지도 모른다.

- 昔、コマーシャルで「狭いながらも楽しい我が家」という言葉が流行った。
  옛날에 광고에서 '좁지만 즐거운 우리 집'이라는 말이 유행했다.

- 小さいながらも自分の店を持つのが夢だった。
  작지만 내 가게를 갖는 것이 꿈이었다.

- あの選手の走り方を見ると好調でありながらも時々不安になること
  がある。 저 선수의 달리는 방법을 보면 컨디션이 좋으면서도 가끔 불안해질 때가 있다.

- 彼女は謙虚でありながらも自分の考えははっきり主張する。
  그녀는 겸손하면서도 자신의 생각은 확실하게 주장한다.

- あの人は人気作家でありながらも社会奉仕や音楽などの活動もしている。
  저 사람은 인기 작가이면서도 사회 봉사나 음악 등의 활동도 하고 있다.

- 自宅でありながらもいつも会社の人が出入りして事務所のようだ。
  자택(집)이면서도 늘 회사 사람들이 드나들어 사무실 같다.

なくして(は)

~없이(는), ~없고(는)

'그것이 없이는', '그것이 없으면' 어떤 일을 실행하기 힘들다는 것을 나타내는 표현이다.

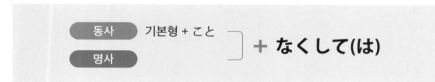

동사　기본형 + こと

명사

＋ なくして(は)

・世代間の交流を続けることなくしては社会変化に対応するのも難しい。　세대간 교류를 계속하지 않고서는 사회 변화에 대응하기도 어렵다.

・日頃から手入れすることなくしては植物も立派に育たないです。
평소에 손질하지 않고서는 식물도 잘 자라지 않습니다.

・何年か寝かせることなくしておいしいお酒は造れないと言います。
몇 년인가 숙성시키지 않으면 맛있는 술은 빚을 수 없다고 합니다.

・努力なくしては成功することもできません。
노력 없이는 성공할 수도 없습니다.

・3分の2以上の賛成なくしては法案が成立しません。
3분의 2 이상의 찬성 없이는 법안이 성립되지 않습니다.

・責任者の許可なくしてこの施設は使用できません。
책임자의 허가가 없이 이 시설은 사용할 수 없습니다.

～なければ

「～なくして」가 조금 딱딱한 느낌이 들기 때문에 회화에서는 「～なければ ～없으면」를
많이 쓴다.

- 国会での承認がなければこの政策は進められない。
  국회에서의 승인이 없으면 이 정책은 진행할 수 없다.

- 両親の同意がなければ結婚するのは難しい。
  부모의 동의가 없으면 결혼하는 것은 어렵다.

- 撮影者や撮影された人の許可がなければ写真を勝手に利用できない。
  촬영자나 촬영된 사람의 허가가 없으면 사진을 마음대로 이용할 수 없다.

- あの人がいなければ今の自分はなかったと思う。
  그 사람이 없었다면 지금의 나는 없었다고 생각한다.

- パスポートがなければどんな国にも行くことができません。
  여권이 없으면 어떤 나라에도 갈 수 없습니다.

- 親がいなければ何もできない子供が生意気なことを言う。
  부모가 없으면 아무것도 못하는 아이가 건방진 소리를 한다.

- お金がなければないなりに生活すればいいでしょう。
  돈이 없으면 없는 대로 생활하면 되겠죠.

052

なくもない

~지 않는 것도 아니다, ~기도 하다

이중 부정 표현으로, 상대방의 물음에 대해 '100% 아니다'라고 하지 않고, '어느 경우에는 할 수도 있다'고 소극적으로 긍정 의사를 나타낼 때 사용하며 「～なくはない」의 형태로도 쓴다.

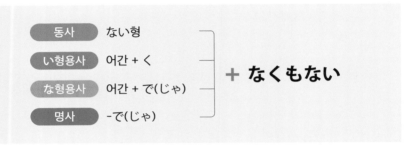

동사	ない형	
い형용사	어간 + く	**+ なくもない**
な형용사	어간 + で(じゃ)	
명사	-で(じゃ)	

- A あんな人とはもう仕事をしたくないよ。
  저런 사람과는 이제 일을 하고 싶지 않아.

  B その気持ちは分からなくもないが後のことを考えて我慢しなく

  ちゃ。 그 마음은 모르는 건 아니지만, 나중 일을 생각해서 참아야지.

- A 足が痛ければタクシーを呼びましょうか。
  다리가 아프면 택시를 부를까요?

  B いや、歩けなくもないからゆっくり行きますよ。
  아니요, 걷지 못하는 것도 아니니 천천히 갈게요.

- A 妹の服は少し小さいかもしれない。
  여동생 옷은 조금 작을지도 몰라.

  B いや着られなくもないです。デザインもかわいいし。
  아니요, 못 입는 건 아니에요. (입을 수 있어요.) 디자인도 귀엽고.

・木村さんとは中学校まで一緒だったから親しくなくもない。

기무라 씨와는 중학교까지 같이 다녔으니까 친하지 않는 것도 아니다.

・ここは繁華街が近くにあるので騒がしくなくもないです。

여기는 번화가가 가까이 있어서 떠들썩하기도 합니다.

・英語が上手なあの人がうらやましくなくもない。

영어를 잘 하는 저 사람이 부럽지 않은 것도 아니다.

・新築マンションですから快適でなくはないです。

신축 아파트라서 쾌적하긴 합니다.

・山の中だから静かじゃなくはないんですが、虫の声がうるさいです。

산속이라 조용하긴 한데, 벌레 우는 소리가 시끄럽습니다.

・正直言って引っ越しの手続きは面倒じゃなくはない。

솔직히 말해서 이사 절차는 귀찮기는 하다.

・この主人公は悪人じゃなくもないが弱者を助ける時はヒーローだ。

이 주인공은 악인이 아닌 것도 아니지만 약자를 도울 때는 영웅이다.

・明日も休みじゃなくもないんだが残った仕事があってそれを終わ

らせたい。　내일도 쉬는 날이 아닌 것도 아니지만 남은 일이 있어서 그것을 끝내고 싶다.

～なくもない vs ～ないことはない

「～なくもない ~지 않는 것도 아니다, ~기도 하다」와 유사한 표현으로 「～ないことは ない ~지 않는 것은 아니다, ~기는 하다」가 있다. 두 표현 모두 확실하게 단언할 수 없지만 가능성이 있는 경우에 사용한다.

・子供にそこまで要求するのは無理だと思わなくもないが悪いことは罰するべきだ。 아이에게 그렇게까지 요구하는 것은 무리라고 생각하지 않는 것도 아니지만 나쁜 짓은 벌을 주어야 한다.

・彼女が優秀なのは認めなくもないが勉強の仕方によってもっと伸びると思う。 그녀가 우수한 것은 인정하지 않는 것도 아니지만 공부 방법에 따라 더 성장하리라 생각한다.

・これで十分だと評価できなくもないが完璧を目指すなら修正が必要だ。 이것으로 충분하다고 평가하지 못하는 것도 아니지만 완벽을 목표로 한다면 수정이 필요하다.

・このままでもおいしくなくもないが盛り付けによってもっとおいしく見える。 이대로도 맛있지 않은 것도 아니지만 담음새에 따라 더 맛있게 보인다.

・ちょっと大変だけど締め切りまでに書けないことはないでしょう。 좀 힘들지만 마감날까지 쓰지 못하는 것은 아니겠죠.

・最後まであきらめなければ優勝できないことはない。 끝까지 포기하지 않으면 우승하지 못하는 것은 아니다.

・今はあまり成績がよくないが頑張れば1位になれないことはありません。 지금은 별로 성적이 좋지 않지만 열심히 하면 1등을 못할 것은 없습니다.

・新幹線で行けば4時までに着けないことはないと思います。 신칸센으로 가면 4시까지 도착하지 못하는 것은 아니라고 생각해요.

メモ

 **053**

なしに

~하지 않고, ~없이

'평소라면 했을 일이나 당연히 해 두었어야 할 일을 하지 않고 다른 일을 한다'는 것을
나타낼 때 쓰는 표현이다. 회화에서는 「～しないで ~하지 않고」를 사용한다.

동사 　기본형 + こと
명사 　　　　　　　　　 ┘ **+ なしに**

- 今日は朝から雨だったので一歩も外出することなしに家の中にいた。
  오늘은 아침부터 비가 와서 한 발짝도 외출하지 않고 집 안에 있었다.

- この作業は一回も座ることなしに一日中立ったまましなければな
  らない。 이 작업은 한 번도 앉지 않고 하루 종일 선 채로 해야 한다.

- マラソンの時は途中で水を飲むことなしに走り続けたら倒れてし
  まう。 마라톤 때는 도중에 물을 마시지 않고 계속 달리면 쓰러져 버린다.

- 許可なしにここに入ってはいけません。
  허가 없이 여기에 들어가서는 안 됩니다.

- 彼の子供のころの話は涙なしには聞けないものだった。
  그의 어린 시절 이야기는 눈물 없이는 들을 수 없는 것이었다.

- いくら友達でも連絡なしに急に来られたら困る。
  아무리 친구라도 연락 없이 갑자기 오면 곤란하다.

〜なしに vs 〜なしで

두 가지 표현은 거의 비슷하게 사용된다.

・ プールに入る時、準備運動なしに入ると危険だ。
  수영장에 들어갈 때 준비 운동 없이 들어가면 위험하다.

・ この会社は外部からの借金なしに経営している。
  이 회사는 외부로부터의 빚 없이 경영하고 있다.

・ 今回は練習なしで試合をすることになった。
  이번에는 연습 없이 시합을 하게 되었다.

・ ここにある商品の価格は税金なしで表示されています。
  여기 있는 상품의 가격은 세금 없이 표시되어 있습니다.

〜なしに vs 〜ぬきで

「〜なしに / 〜なしで ~없이」는 '제공하지 않는다', 「〜ぬきで ~없이, ~빼고」는 '원래 있는 것을 뺀다'는 의미가 있어, 서로 유사하게 쓸 수도 있지만 바꿔 쓸 수 없는 경우도 있다.

・ 挨拶なしで会議を始めた。(＝挨拶はぬきで)
  인사 없이 회의를 시작했다.

・ コーヒーは砂糖なしでお願いします。(＝砂糖ぬきで)
  커피는 설탕 없이 부탁합니다.

・ アルバイトの給料は食事なしで1日1万円です。(✗ 食事ぬきで)
  아르바이트 급여는 식사가 포함되지 않고 하루에 만 엔입니다.

・ 昨日は食事ぬきで朝7時から夜6時まで働いた。(✗ 食事なしで)
  어제는 식사를 거르고 아침 7시부터 저녁 6시까지 일했다.

054

ならでは

~밖에는 할 수 없는, ~이 아니면

'~외에는 불가능하다, ~이 아니면 할 수 없다, ~만이 할 수 있다' 등의 의미를 나타낼 때 쓰는 표현이다. 「〜ならではの + 명사」의 형태로도 사용된다.

명사 **+ ならでは**

・年末ならでは感じられない独特の雰囲気が好きです。
연말밖에는 느낄 수 없는(연말에만 느낄 수 있는) 독특한 분위기를 좋아합니다.

・この季節ならでは見ることのできない行事の一つがこの祭りです。
이 계절이 아니면 볼 수 없는(이 계절에만 볼 수 있는) 행사 중 하나가 바로 이 축제입니다.

・こんなにたくさんの人が広場に集まるのもこの国ならではだと思う。
이렇게 많은 사람들이 광장에 모이는 것도 이 나라밖에 없는 것 같다.

・日本人ならではと思われる習慣の一つがお中元とお歳暮だ。
일본인 특유의 관습 중 하나가 오추겐(여름 선물)과 오세보(연말 선물)이다.

・ここの名物はきれいな水と空気の高原ならでは栽培できないわさ
びです。
이곳의 명물은 물과 공기가 맑은 고원이 아니면 재배할 수 없는 고추냉이입니다.

～ならではの + 명사

· これこそ職人ならではの技術だと言えるでしょう。

이것이야말로 장인만이 쓸 수 있는 기술이라고 말할 수 있을 것입니다.

· その人ならではの個性とスタイルが作品によく表れている。

그 사람만의 개성과 스타일이 작품에 잘 나타나 있다.

· 旅行に行ったらその土地ならではの料理を味わってみたい。

여행을 가면 그 지역만의 요리를 맛보고 싶다.

· 日本の旅館ならではの温かいサービスともてなしが体験できます。

일본 료칸(여관)만의 따뜻한 서비스와 대접을 체험할 수 있습니다.

· サンマを焼いただけの素朴な料理は秋ならではの味覚です。

꽁치를 구웠을 뿐인 소박한 요리는 가을 특유의 미각입니다.

· バドミントンならではの魅力は大人も子供も家族が一緒に楽しめる

ことだ。 배드민턴만의 매력은 어른도 아이도 가족이 함께 즐길 수 있다는 것이다.

なり

~하자마자

어떤 동작과 동시에 다른 동작이 나타나는 것을 의미한다. 약간 딱딱한 느낌의 문장체 표현으로, 뒤에는 사실을 나타내는 내용이 오는 것이 일반적이며 의지, 명령, 권유 등의 내용은 오지 않는다.

동사 기본형 **+ なり**

・迷子になった子供は母親の顔を見るなり大声で泣き出した。
길을 잃은 아이는 엄마의 얼굴을 보자마자 큰 소리로 울기 시작했다.

・彼は電話に出るなり「分かった」と言って外に出て行った。
그는 전화를 받자마자 '알겠다'고 말하며 밖으로 나갔다.

・父は家に帰ってくるなりテレビのニュースをつけて真剣な表情で見入った。 아버지는 집에 오자마자 TV 뉴스를 켜고 진지한 표정으로 주시했다.

・監督は対戦相手が発表されるなり選手たちを集めて作戦を伝えた。
감독은 대전 상대가 발표되자마자 선수들을 모아서 작전을 전달했다.

・大きな地震で部屋が揺れるなり母は子供にテーブルの下に隠れるように言った。
큰 지진으로 방이 흔들리자마자 엄마는 아이에게 탁자 밑으로 숨으라고 했다.

・空港に着くなり訪問先に電話をしたが誰も出なかった。
공항에 도착하자마자 방문처에 전화를 했지만 아무도 받지 않았다.

~とすぐに vs ~たとたん(に)

비슷한 의미의 회화 표현으로는 「~とすぐに ~하면 바로, ~하자마자」와 「~たとたん (に) ~하자마자」 등이 있다. 어떤 동작 직후에 바로 다음 동작이나 현상이 이어지는데, 그 사이의 간격은 「~たとたん(に)」 쪽이 짧은 편이다.

・家を出るとすぐに雨が降ってきた。

집을 나서자 바로 비가 내리기 시작했다. (집을 나가고 얼마 안 돼서)

・家を出たとたん雨が降ってきた。

집을 나서자마자 비가 내리기 시작했다. (집을 나가자마자 곧바로)

・部屋に入るとすぐに窓を開けて空気を入れ替えた。

방에 들어가자마자 창문을 열고 환기시켰다.

・牛乳を飲むとすぐにトイレに行きたくなる。

우유를 마시면 바로 화장실에 가고 싶어진다.

・バスに乗ったとたん動き出して倒れそうになった。

버스를 타자마자 움직이기 시작해서 넘어질 뻔했다.

・授業が終わったとたん子供たちは教室から飛び出してどこかに遊び に行った。 수업이 끝나자마자 아이들은 교실을 뛰쳐나가 어디론가 놀러 갔다.

なり～なり

~하든지 ~하든지, ~든지 ~든지

두 가지 예를 제시하여 그 어느 쪽인가를 선택한다는 의미가 있다. 상대방에게 행동을 촉구할 때 사용하기도 하지만, 손윗사람에게는 쓰지 않는 것이 좋다.

- もう時間が遅いから家に帰るなり友達のところに行くなりして、
  明日また来てね。

  이제 시간이 늦었으니 집에 가든지 친구네로 가든지 해서 내일 다시 와요.

- 時間が早いから2次会に行くなりコーヒーを飲んで話すなりしよう。

  시간이 이르니까 2차를 가든지 커피를 마시며 이야기하든지 하자.

- 夏休みは免許を取るなりバイトをするなり予定が詰まって忙しい。

  여름 방학 때는 (자동차) 면허를 따든지 아르바이트를 하든지 예정이 꽉 차서 바쁘다.

- 大地震が起きた時は学校の体育館なり市役所なりしっかりした
  施設に避難すること。

  큰 지진이 일어났을 때는 학교 체육관이든지 시청이든지 제대로 된 시설로 피난 할 것.

- 他の支払いはカードでなりケータイでなりするとしても、野菜類は
  現金が必要だ。

  다른 지불은 카드나 휴대폰으로 한다고 해도 채소류는 현금이 필요하다.

~とか ~とか

회화에서 격의 없이 표현할 경우에는 「~とか ~とか ~라든가 ~라든가, ~든지 ~든지, ~거나 ~거나」를 사용한다. 또한 「~なり ~なり」는 형용사에는 접속하지 않는다.

・来週から朝早くジョギングするとか帰りにジムに通うとかするつも

りだ。 다음 주부터 아침 일찍 조깅하거나 귀갓길에 헬스장에 다니거나 할 생각이다.

・今度引っ越しした家は駅から遠いとか、コンビニがないとか問題が

いくつかある。

이번에 이사 간 집은 역에서 멀다든지 편의점이 없다든지 문제가 몇 가지 있다.

・新しく出たパソコンについては便利だとか不便だとかいろいろな
意見がある。

새로 나온 컴퓨터에 대해서는 편리하다거나 불편하다거나 여러 가지 의견이 있다.

・私とか田中さんとか地方から来た学生は都市の生活に適応するのに
時間がかかる。

저나 다나카 씨나 지방에서 온 학생은 도시 생활에 적응하는 데 시간이 걸린다.

・市役所とか駅とか公共の場所でタバコを吸う人がいるのには驚いた。
시청이나 역이나 공공장소에서 담배를 피우는 사람이 있는 것에 놀랐다.

なりに

~나름대로

각자의 입장이나 주어진 조건 안에서 최대한의 노력을 기울인다는 것을 나타낼 때 사용한다.「〜なりの + 명사 ~나름의」의 형태로도 쓰인다.

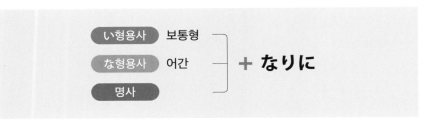

い형용사	보통형	
な형용사	어간	+ なりに
명사		

- たとえ貧しくても貧しいなりに工夫すれば幸せな生活を送ることはできる。 비록 가난해도 가난한 대로 궁리하면 행복한 생활을 보낼 수 있다.

- 家が狭いが狭いなりに収納スペースに気を使って広く使えるようにした。 집이 좁지만 좁은 대로 수납 공간에 신경을 써서 넓게 쓸 수 있도록 했다.

- ゴルフを何年やっていても下手だが下手なりに楽しみはあるものだ。
  골프를 몇 년을 쳐도 서툴지만, 서투른 대로 즐거움은 있는 법이다.

- 歳を取ると自分なりの楽しみを見つけて一人で楽しめるようになります。 나이가 들면 자기 나름의 즐거움을 찾아서 혼자서 즐길 수 있게 됩니다.

- 今までチームの中では評価されたのでそれなりに戦えたと思います。
  지금까지 팀 안에서는 평가(인정)받았기 때문에 나름대로 싸울 수 있었다고 생각합니다.

134

「〜なり」가 붙어서 만들어진 단어가 있다. 예문을 통해 살펴보자.

言いなり   상대방이 말하는 대로 무조건 따르는 것

・いくら信頼していてもその人の言いなりになるのはよくない。
아무리 신뢰하고 있어도 그 사람이 시키는 대로 하는 것은(꼭두각시가 되는 것은) 좋지 않다.

道なり   길이 뻗어 있는 방향, 길을 따라 가는 것

・ここから道なりに歩いて行けば駅に着きます。
여기서 길을 따라 걸어가면 역에 도착합니다.

弓なり   활처럼 휘어져 있는 모양

・フィギュアスケートで体を弓なりにそらすポーズがある。
피겨 스케이팅에서 몸을 활처럼 뒤로 젖히는 포즈가 있다.

にあって

~에 있어서, ~에서

'어떤 특별한 상황에 직면해서, 제시된 상황에서'라는 의미를 나타낸다. 또한 '어떤 특수한 상황에 있으므로(있기 때문에)'라는 의미도 있다.

명사 **＋** **にあって**

- 大変な不況の中にあって企業の社会的な役割について議論が盛んです。 엄청난 불황 속에서 기업의 사회적인 역할에 대해 논의가 활발합니다.

- 外国人同士の共同生活にあって重要なことは相手を理解することです。 외국인끼리 공동 생활하는 데 있어서 중요한 것은 상대방을 이해하는 것입니다.

- どれほど大変な状況にあっても問題を解決する方法は必ずあるものだ。 아무리 힘든 상황에서도 문제를 해결하는 방법은 반드시 있는 법이다.

- 彼は普段は優しく親切な人だがビジネスの世界にあっては違う人間のようになる。 그는 평소에는 상냥하고 친절한 사람이지만 비즈니스 세계에 있어서는 다른 사람처럼 된다.

- 避難訓練をしたが緊急時にあっても慌てず冷静に動くことが大事だと思った。 피난(대피) 훈련을 했는데 긴급 상황에서도 당황하지 않고 냉정하게 움직이는 것이 중요하다고 생각했다.

- サボテンは砂漠の厳しい環境にあって水分を保存する能力が高い。 선인장은 사막의 척박한 환경에 있어서(있기 때문에) 수분을 저장하는 능력이 높다.

〜において

● 「〜において ~에서, ~에 있어서」는 장소, 영역, 시기 등을 나타낼 때 쓰는 표현으로, 「〜にあって」보다 더 많이 사용한다.

・日本の経済発展において人材の安定供給が不可欠だ。
일본의 경제 발전에 있어서 인재(인력)의 안정 공급이 불가결하다.

・広告業界においても外国資本の参入が活発になっている。
광고 업계에 있어서도 외국 자본의 참여가 활발해지고 있다.

・江戸時代においても木造の家が火事に弱いのは同じだった。
에도 시대에 있어서도 목조 가옥이 화재에 약하기는 마찬가지였다.

・マスコミはある意味において民主主義の試験紙のようだ。
매스컴은 어떤 의미에서 민주주의의 시험지와 같다.

・入学式は体育館において午前10時から行われます。
입학식은 체육관에서 오전 10시부터 실시됩니다.

・車内における携帯電話のご使用はお控えください 。
차내에서의 휴대 전화 사용은 삼가 주시기 바랍니다.

● 「〜において」도 딱딱한 표현이기 때문에 일상적인 대화에서는 「〜で」를 쓴다.

・私は毎日カフェでコーヒーを飲みます。(✕カフェにおいて)
저는 매일 카페에서 커피를 마십니다.

・私は授業の後、図書館で本を読むつもりです。(✕図書館において)
저는 수업 후, 도서관에서 책을 읽을 생각입니다.

にいたって

~을 맞이해서, ~에 이르러

'어떤 단계에 도달하여, 어떤 상태에 이르러서야'라는 의미를 나타낸다. 뒷부분에 「ようやく 겨우, 간신히」, 「やっと 겨우」, 「初めて 비로소」 등의 부사를 동반하는 경우가 많다.

동사　명사　기본형 ＋ に至って

- 一番信頼していた職員まで逃げるに至って事態の深刻さを痛感した。
  가장 신뢰했던 직원까지 도망치는 상황에 이르자 사태의 심각함을 통감했다.

- 頭痛だけでなく発熱、咳などの症状がひどくなるに至って病院に行く気になった。
  두통뿐 아니라 발열, 기침 등의 증상이 심해지기에 이르러 병원에 갈 마음이 생겼다.

- 新聞社の取材申し込みが続くに至ってようやく自分の文学賞受賞が実感できた。
  신문사의 취재 신청이 이어지자 비로소 자신의 문학상 수상을 실감할 수 있었다.

- 長く続いた会議はその日の深夜に至ってやっと終了した。
  길게 이어진 회의는 그날 심야에 이르러서야 겨우 끝났다.

- 10月に至って長かった残暑もついに終息したようだった。
  10월에 이르러 길었던 늦더위도 마침내 끝나는 듯했다.

～に至っては

「～に至っては ~만 해도, ~을 예로 든다면, ~같은 경우에는, 심지어 ~는」는 부정적인 내용을 설명하는데, 그 중에서도 극단적으로 정도가 심한 것을 예시로 들어 설명하는 표현이다.

・英語が苦手で文法に至っては30点しか取れなかった。
  영어가 서툴러서 문법 같은 경우에는(심지어 문법은) 30점밖에 못 받았다.

・うちの家族はみんな機械がだめで母に至ってはナビを見ても道が分からない。
  우리 가족은 모두 기계치여서 엄마 같은 경우에는 내비게이션을 봐도 길을 모른다.

・花粉症の症状がひどい弟に至っては一歩も外に出られないでいる。
  꽃가루 알레르기 증상은 심한 동생의 경우에는 밖에 한 발짝도 나가지 못한다.

・今年は雨が降らず5月に至ってはひと月に2回しか降らなかった。
  올해는 비가 내리지 않아 5월 같은 경우에는 한 달에 두 번밖에 내리지 않았다.

・最近物価の上昇が深刻だが野菜に至っては昨年より平均40%も高い。
  최근에 물가 상승이 심각하지만 채소의 경우에는 작년보다 평균 40%나 비싸다.

・家の近くには店が少ないがスーパーに至っては2キロも離れている。
  집 근처에는 가게가 적지만 슈퍼 같은 경우에는 2km나 떨어져 있다.

にいたる

~하기에 이르다

어떤 과정이나 경과를 거쳐 드디어 무엇을 하기에 이르렀음을 나타내는 표현이다. 긍정적 · 부정적인 내용에 모두 쓸 수 있으며, 예상을 뛰어넘는 결과라는 뉘앙스가 있다.

- インターネットを通じた広報の結果、海外にも販売を広げるに至った。
  인터넷을 통한 홍보의 결과, 해외에도 판매를 확장하기에 이르렀다.

- 有名大学への合格率が最高を記録するに至ってその予備校には学生が殺到した。 유명 대학으로의 합격률이 최고를 기록하기에 이르러서 그 입시 학원에는 학생이 몰려들었다.

- 台風の接近に伴って空港ではすべての航空便が運休に至った。
  태풍의 접근에 따라 공항에서는 모든 항공편이 결항에 이르렀다.

- そのチームでは選手の負傷が相次ぎ、選手不足から大会棄権に至った。 그 팀에서는 선수의 부상이 잇따라 선수 부족으로 대회 기권에 이르렀다.

- 「30年前の価格」を守ってきた食堂も物価高騰でついに値上げに至った。 '30년 전 가격'을 지켜 온 식당도 물가 폭동으로 결국 가격 인상에 이르렀다.

～に至るまで

「～に至るまで ~에 이르기까지」는 '범위가 그런 곳까지 도달했다'는 것을 표현할 때 사용한다. 놀라움이나 비난의 뉘앙스를 포함할 때도 사용한다.

- 面接試験では子供の頃の生活から現在に至るまで細かく聞かれた。

  면접시험에서는 어릴 적 생활부터 현재에 이르기까지 세세하게 질문받았다.

- 鈴木さんは車を見れば生産年度、台数から特長ある性能に至るまですぐ答えられる。

  스즈키 씨는 차를 보면 생산 연도, 대수부터 특장점 있는 성능에 이르기까지 바로 대답할 수 있다.

- 歴史の先生は日本史はもちろん西洋史、東洋史、地方史に至るまで知識が豊富だ。

  역사 선생님은 일본 역사는 물론 서양 역사, 동양 역사, 지방의 역사에 이르기까지 지식이 풍부하다.

- 顧客管理のプロは客の好みや家族、趣味に至るまで幅広い情報を持つ。

  고객 관리의 프로는 고객의 취향이나 가족, 취미에 이르기까지 폭넓은 정보를 갖고 있다.

- あの人は帽子から靴に至るまで全部安物ばかり身につけている。

  저 사람은 모자부터 신발에 이르기까지 모두 싸구려로만 치장하고 있다.

- 今回の台風は北海道から沖縄に至るまで大きな被害をもたらした。

  이번 태풍은 홋카이도에서 오키나와에 이르기까지 큰 피해를 가져왔다.

다음 문장의 (　　)에 넣기에 가장 적당한 것을 1·2·3·4에서 하나 고르세요.

1 雨で足元が悪い（　　　）ここまでお越しくださりありがとうございます。

　　1　かわり　　　2　いぜん　　　3　とちゅう　　　4　ところ

2 作曲家（　　　）人が楽譜を読めないなんて聞いたことがない。

　　1　なんという　2　みたいな　　3　まみれの　　　4　ともあろう

3 年末でにぎやかだ（　　　）景気が悪くて売り上げは去年の半分だ。

　　1　からといって　　　　　　　2　とはいえ
　　3　というから　　　　　　　　4　そうだが

4 専門家では（　　　）大学で専攻したからこの分野には知識がある。

　　1　ない以上　　　　　　　　　2　ないとあって
　　3　ないまでも　　　　　　　　4　ないながら

5 この頃タクシーは事前に予約すること（　　　）道路ではつかまらない。

　　1　ないかぎり　　　　　　　　2　ないからには
　　3　なくしては　　　　　　　　4　なくすとき

어휘

足元 발밑　足元が悪い (비 등으로) 길이 질척거리다, (일정이 바빠) 발걸음하기가 힘들다
お越しくださる 가시다, 오시다　楽譜 악보

142

6 いつもは人が多いこの通りも午前1時（　　　）人影がまばらになる。

1　ともなると　2　にはなると　3　でもなると　4　さえなると

7 A これは英語で書いてありますが読めるでしょうか。
　 B 読め（　　　）ですが少し時間がかかります。

1　るよう　　　　　　　　　2　るはず
3　なくてもいい　　　　　　4　なくもない

8 この食堂で冬（　　　）のメニューといえばカキ料理です。

1　までだけ　2　ならでは　3　からこそ　4　ながらの

9 他の人にどう見えるかはともかくあの子は（　　　）頑張っている。

1　自分なりに　2　自分風に　3　自分式に　4　自分だけに

10 彼は信頼する友人まで去る（　　　）ようやく自分の過ちを悟った。

1　ことにして　　　　　　　2　こともあって
3　に際して　　　　　　　　4　に至って

人影 사람의 그림자(모습), 인적　まばらだ 듬성듬성하다, 드문드문하다, 뜸하다　カキ 굴
過ち 잘못, 실수　悟る 깨닫다, 이해하다, 터득하다

다음 문장의 ___★___ 에 들어가기에 가장 적당한 것을 1·2·3·4에서 하나 고르세요.

1 さっき来たばかりで ____ ____ ★ ____ です。

　　1 帰る　　　2 残念　　　3 とは　　　4 もう

2 皆が盛り上がってるのに彼は興味が ____ ____ ★ ____
音楽を聴いている。

　　1 ない　　　2 ばかり　　　3 に　　　4 と

3 銀行で雑誌を眺める ____ ____ ★ ____ 自分の番号が呼
ばれた。

　　1 なしに　　　2 いると　　　3 とも　　　4 眺めて

4 ゴルフはやったことが ____ ____ ★ ____ ことだからす
っかり忘れました。

　　1 ないが　　　2 ない　　　3 昔の　　　4 でも

5 彼の行動に ____ ____ ★ ____ なります。

　　1 ながら　　　2 気に　　　3 ひと事　　　4 ついては

어휘

盛り上がる 부풀어 오르다, 고조되다　ゴルフ 골프　すっかり忘れる 까맣게 잊다
ひと事 남의 일

144

6 A その携帯電話はどのくらいバッテリーが持ちますか。

B そうですね。充電＿＿＿＿ ＿＿＿＿ ★ ＿＿＿＿8時間は使えますね。

1 に 　　　2 こと 　　　3 する 　　　4 なし

7 子供は部屋に＿＿＿＿ ＿＿＿＿ ★ ＿＿＿＿行ってしまった。

1 おく 　　　2 カバンを 　　　3 どこかに 　　　4 なり

8 この地方は1年を通して＿＿＿＿ ＿＿＿＿ ★ ＿＿＿＿果物の栽培も盛んだ。

1 あって 　　　2 気候の 　　　3 もとに 　　　4 穏やかな

9 ご両親なり＿＿＿＿ ＿＿＿＿ ★ ＿＿＿＿一度相談してみてください。

1 ご兄弟 　　　2 家族の 　　　3 なり 　　　4 方に

10 外国人選手を編入＿＿＿＿ ＿＿＿＿ ★ ＿＿＿＿チーム補強のためだった。

1 のは 　　　2 至った 　　　3 する 　　　4 に

バッテリー 배터리　　持つ 오래가다, 견디다, 지속하다　　盛んだ 왕성하다, 활발하다　　編入 편입
補強 보강

145

にかかわる

~에 관련된, ~와 관계된

'관계가 있다, 영향을 끼친다'라는 의미가 있는 표현이다.「〜とかかわる ~와 관련된」로 쓰기도 한다.

명사 + にかかわる

- 進路の選択は子供の将来にかかわることだから慎重に考えたい。
  진로 선택은 아이의 장래에 관련된 일이기 때문에 신중하게 생각하고 싶다.

- 地域のメディアはそこに住む人々とかかわる様々な問題を扱います。
  지역 미디어는 그곳에 사는 사람들과 관련된 다양한 문제를 다룹니다.

- これは人間としての尊厳にかかわる問題だから簡単に見過ごせない。
  이것은 인간으로서의 존엄성과 관련된 문제이기 때문에 쉽게 지나칠 수 없다.

- この病気は生死にかかわるような深刻なものではない。
  이 병은 생사에 관련되는 것 같은 심각한 것은 아니다.

- 盗作の疑いは作家の名誉にかかわる重大な問題である。
  표절 의혹은 작가의 명예와 관련된 중대한 문제이다.

- 日本で初めてパンを作った町にはパン製造にかかわる話が伝わっています。
  일본에서 처음으로 빵을 만든 마을에는 빵 제조에 얽힌 이야기가 전해지고 있습니다.

〜に関する

유사한 의미인「〜に関する ~에 관한」는「〜にかかわる」보다는 일반적이고 일상적인
내용에 많이 쓴다.

· これは学生の生活上の問題に関するアンケートです。

　이것은 학생의 생활상의 문제에 관한 설문 조사입니다.

· 成績に関する問い合わせは本部の学生課に聞いてください。

　성적에 관한 문의는 본부 학생과에 물어보세요.

· 若い人は政治や社会に関するニュースはあまり見ないようです。

　젊은 사람들은 정치나 사회에 관한 뉴스는 별로 보지 않는 것 같습니다.

· イベントに関する問い合わせはメールでこちらにお送りください。

　이벤트에 관한 문의는 메일로 이쪽으로 보내 주세요.

· 今後の試験日程に関して聞きたいことがありますが、今、質問しても

　いいでしょうか。

　앞으로의 시험 일정과 관련해서 물어보고 싶은 게 있는데 지금 질문해도 될까요?

· その件に関しましては現在調査中ですので、結果はもうしばらくお待

　ちください。 그 건에 관해서는 현재 조사 중이니 결과는 잠시 기다려 주세요.

にして

~이 되어서야, ~만에, ~라도

'그에 이르러서야'라는 의미로, '어느 단계에 도달해서 비로소 가능하다, 성립한다'는 것을 나타낸다. 또한 '~라도, ~도'라고 하는 의미도 있다.

명사 + にして

- 70歳にして初めて人生の意味が分かってきた。
  70세가 되어서야 비로소 인생의 의미를 알게 되었다.

- 3時間に及ぶ公演は体力的にも技術的にも名人にして初めて可能なことだった。
  세 시간에 걸친 공연은 체력적으로나 기술적으로나 명인이어서 비로소 가능한 일이었다.

- 応募15社目にしてようやく面接試験まで受けることができた。
  응모한 회사 중 열다섯 번째만에 겨우 면접시험까지 볼 수 있었다.

- 司法試験を5回目にして合格した先輩に会って話を聞いた。
  사법 고시를 다섯 번째만에 합격한 선배를 만나 이야기를 들었다.

- 訓練の1か月目にしてやっと実際の車を運転しながらトラブル解決の方法を学んだ。
  훈련 한 달만에 겨우 실제 차를 운전하면서 문제 해결 방법을 배웠다.

- 飛行経験の豊富なパイロットにして離着陸はいつも怖いという。
  비행 경험이 풍부한 파일럿이라도 이착륙은 언제나 무섭다고 한다.

● 「～にして」는 사람, 사물, 상황 등이 동시에 두 가지 이상의 성질이나 속성을 가지고
있을 때, '~이자(이면서) ~이다'라고 하는 이면성을 나타낼 때도 사용된다.

・その人は病院の経営者にして大学教授という二つの領域で活躍している。
　그 사람은 병원의 경영자이면서 대학교수라고 하는 두 가지 영역에서 활약하고 있다.

・私が自分でテレビを選んで買ったのはそれが最初にして最後だった。
　내가 직접 TV를 골라 구입한 것은 그게 처음이자 마지막이었다.

・俳優にして監督という二つの役を同時にこなすのは簡単ではない。
　배우이자 감독이라는 두 가지 역할을 동시에 소화해내기란 쉽지 않다.

● 「～にして」가 들어간 관용 표현

一瞬にして : 한순간에, 순식간에

・セール商品は開店と同時に一瞬にして売り切れた。
　세일 상품은 개점과 동시에 순식간에 매진되었다.

幸いにして : 다행히

・幸いにしてなくしたと思ったケータイは親切な人のおかげで見つ
　かった。
　다행히도 잃어버린 줄 알았던 휴대폰은 친절한 사람 덕분에 찾게 되었다.

不幸にして : 불행하게도

・不幸にして子供たちは小さい時に両親を亡くしたが逆境に負けず
　健やかに育った。 불행하게도 아이들은 어릴 때 부모를 여의었지만 역경에 굴하
　지 않고 건강하게 자랐다.

生まれながらにして : 태어나면서부터, 타고난

・その子供には生まれながらにして絵の才能があった。
　그 아이에게는 타고난 그림의 재능이 있었다.

にそくして

~에 따라(서), ~에 입각해서, ~을 토대로

규범, 기준, 법률 등을 나타내는 명사와 함께 쓰이며, '그에 따라, 그것을 기준하여'라는 의미로 사용된다. 한자는 '법률이나 규칙에 따라'라고 할 때는 「～に則して」, '사실이나 경험에 따라'라고 할 때는 「～に即して」로 구별하여 표기한다.

명사 + に則して / に即して

・ボーナスは会社の規定に則して支給されます。
　보너스는 회사의 규정에 따라 지급됩니다.

・自転車の危険行為も道路交通法に則して処罰がなされる。
　자전거의 위험 행위도 도로 교통법에 따라 처벌이 이뤄진다.

・審判の判断は個人の基準ではなくルールに則して下される。
　심판의 판단은 개인의 기준이 아니라 규칙에 따라 내려진다.

・証言に即して一帯を捜索したところ被害者の持ち物がいくつも発見された。 증언에 입각해 일대를 수색해 봤더니 피해자의 소지품이 몇 개나 발견되었다.

・事実に即した報道ではない場合「フェイクニュース」に分類されることがある。 사실에 입각한 보도가 아닐 경우 '가짜 뉴스'로 분류되는 경우가 있다.

・現実に即した改善案が出されなければこの問題は解決できないと思う。 현실에 맞는 개선안이 나오지 않으면 이 문제는 해결될 수 없다고 생각한다.

〜に沿(そ)って VS 〜に則(のっと)って

● 유사 표현인 「〜に沿(そ)って」는 '어떤 규범에서 벗어나지 않고, 떨어지지 않고'라는 의미로, 기대, 희망, 방침, 기준과 같은 말과 함께 사용하는 경우가 많다.

・この学校(がっこう)はキリスト教(きょう)の建学精神(けんがくせいしん)に沿(そ)って作(つく)られた歴史(れきし)がある。

　이 학교는 기독교의 건학 정신에 따라 만들어진 역사가 있다.

・平和憲法(へいわけんぽう)の理念(りねん)に沿(そ)ってボランティア活動(かつどう)を続(つづ)けている。

　평화 헌법의 이념에 따라 자원봉사 활동을 계속하고 있다.

・親(おや)の期待(きたい)に沿(そ)いたかったが現実(げんじつ)は厳(きび)しかった。

　부모의 기대에 부응하고 싶었지만 현실은 냉엄했다. (녹록지 않았다.)

● 「〜に則(のっと)って」는 '법률, 규칙 등 (문서화된 약속 체계)에 따라'라는 의미로, 「〜に則(そく)して」와 동일한 뜻이지만 좀 더 딱딱한 표현이다.

・犯罪者(はんざいしゃ)は法(ほう)に則(のっと)って厳(きび)しく罰(ばっ)せられる。

　범죄자는 법에 따라 엄하게 처벌받는다.

・スポーツマンシップに則(のっと)って正々堂々(せいせいどうどう)と戦(たたか)います。

　스포츠맨 정신에 따라 정정당당하게 싸우겠습니다.

・安全(あんぜん)のガイドラインに則(のっと)って事故(じこ)が起(お)きないようにしてください。

　안전 지침에 따라 사고가 일어나지 않도록 해 주세요.

にたえない

~할 수 없다, ~할 수 없는

상태가 심하여 보거나 듣고 있기가 괴롭다고 할 때 쓰는 표현이다. 「見る 보다」, 「聞く 듣다」, 「読む 읽다」 등 한정된 동사에 연결해서 사용하며, 명사에 연결할 경우에는 감격, 감사, 기쁨, 후회, 슬픔, 억울함 등의 감정이 넘쳐 참을 수 없다는 의미를 나타낸다.

- 戦争をテーマにした映像には見るにたえない残忍な場面が続いた。
  전쟁을 주제로 한 영상에는 차마 볼 수 없는 잔인한 장면이 이어졌다.

- あの人は本人がいないところで聞くにたえない悪口を言う。
  저 사람은 본인이(당사자가) 없는 자리에서 차마 듣고 있기 어려운 험담을 한다.

- SNSのコメント欄を見ていると到底読むにたえない言葉を平気で書く人がいる。
  SNS의 댓글 창을 보고 있으면 도저히 읽을 수 없는 말을 아무렇지 않게 쓰는 사람이 있다.

- 日本で彼女のコンサートが開かれるなんて感激にたえない。
  일본에서 그녀의 콘서트가 열리다니(개최되다니) 너무나 감격스럽다.

- 父は初孫が生まれて喜びにたえないという表情だった。
  아버지는 첫 손주가 태어나서 기쁘기 그지없다는 표정이었다.

- 不運な事故で友を失って悲しみにたえない。
  불운의 사고로 친구를 잃고 슬픔을 금치 못한다.

~にたえる

● 긍정형인 「~にたえる」는 '~할 만하다', '~할 가치가 있다'라는 의미이다.

・最近のテレビ番組は家族で一緒に見る**にたえる**ような番組がない。

요즘 TV 프로그램은 가족이 함께 볼만한 프로그램이 없다.

・外国を舞台にしながら日本の読者が読む**にたえる**作品を書きたい。

외국을 무대로 하면서 일본 독자가 읽을 만한 작품을 쓰고 싶다.

・この作品は子供のために作られたが大人の鑑賞に**もたえられる**。

이 작품은 어린이를 위해 만들어졌지만 어른이 감상할 만큼의 가치가 있다.

・国際的な評価に**もたえる**製品を作らなければなりません。

국제적인 평가를 받을 수 있는 제품을 만들어야 합니다.

● 「~にたえる」는 '~에 견디다'라는 의미도 있다.

・この服は300回の洗濯に**たえる**製品だと宣伝しています。

이 옷은 300번의 세탁에도 견디는 제품이라고 선전하고 있습니다.

・報道に携わる者として厳しい読者の批判に**たえる**記事を書きたい。

보도에 종사하는 사람으로서 엄격한 독자의 비판에 견딜 수 있는 기사를 쓰고 싶다.

・専門家の審査に**もたえる**作品を作るため身を削る努力が続けられた。

전문가의 심사에도 견딜 수 있는 작품을 만들기 위해 뼈를 깎는 노력이 계속되었다.

065

にたる

~할 만한, ~하기에 충분한

'충분히 그럴 만한 가치가 있다, 그러기에 적합하다'라는 의미로, 사람이나 사물에 대해 사용하는 표현이다. 「満足 만족」, 「信頼 신뢰」, 「尊敬 존경」 등의 말과 함께 쓰는 경우가 많으며 딱딱한 문장체 표현이다. 명사의 경우 「する」를 붙이면 동사가 되는 동작성 명사와 함께 쓴다.

- 彼は厳しい環境でも他人を助け、自身の成功も成し遂げた尊敬するに足る人だ。
  그는 어려운 환경에서도 타인을 돕고 자신의 성공도 이뤄 낸 존경할 만한 사람이다.

- 情報があふれる中で信頼するに足る情報を見つけるのは難しい。
  정보가 넘쳐 나는 가운데 신뢰할 만한 정보를 찾는 것은 어렵다.

- この大学を出た人の中で先輩として誇るに足る人物は何人もいる。
  이 대학을 나온 사람 중에 선배로서 자랑할 만한 인물은 몇 명이나 있다.

- 周囲の誰もが満足に足る結果を出すのは難しいです。
  주위의 누구나 만족할 수 있는 결과를 내는 것은 어렵습니다.

- 空を飛ぶタクシーはまだ実用に足る段階まで技術が開発されていない。 하늘을 나는 택시는 아직 실제 사용할 만한 단계까지 기술이 개발되지 않았다.

● 「～に足る」를 부정형으로 만들 때는「～に足らない」라고 표현하는 것이 아니라, 문
말 부분을 부정의 내용으로 만든다.

○ 信頼するに足る情報を見つけるのは難しい。
신뢰할 만한 정보를 찾는 것은 어렵다.

✕ 信頼するに足らない～

○ 解雇に足る理由がありません。
해고할 만한 이유가 없습니다.

✕ 解雇に足らない～

○ 満足するに足る成績ではなかった。
만족할 만한 성적이 아니었다.

✕ 満足するに足らない～

● 「～に足らない」, 「～に足りない」가 들어간 관용 표현

取るに足らない: 미미하다, 보잘것없다

· 取るに足らないことでご心配をおかけしてすみません。
아무것도 아닌 일로 걱정을 끼쳐 드려 죄송합니다.

恐れるに足りない: 겁낼 정도는 아니다

· この程度の地震は恐れるに足りません。
이 정도의 지진은 두려워할 것도 없습니다.

物足りない: 뭔가 아쉽다, 어딘가 부족하다

· 全体の流れはいいが細かい描写が物足りない。
전체의 흐름은 좋지만 세밀한 묘사가 아쉽다.

066

にとどまらず

~로 그치지 않고, ~뿐만 아니라

'그 범위에 머물지 않고', '그뿐만 아니라'라는 의미로, 회화에서는 「~だけでなくて ~뿐만 아니라」를 사용한다.

동사	보통형
な형용사	어간 + な + だけ
명사	

+ にとどまらず

- 今度の地震では建物が倒れたにとどまらず火災も多く発生した。
  이번 지진에서는 건물이 쓰러진 데 그치지 않고 화재도 많이 발생했다.

- 彼は夜もアルバイトをするにとどまらず週末も休まないから健康が心配だ。
  그는 밤에도 아르바이트를 할 뿐만 아니라 주말에도 쉬지 않아서 건강이 걱정된다.

- 引越し先の家は交通が便利なだけにとどまらず環境がとてもいい。
  이사 간 집은 교통이 편리할 뿐만 아니라 환경이 매우 좋다.

- 私たちは血液型が同じなだけにとどまらず性格や趣味も似ています。
  우리는 혈액형이 같을 뿐만 아니라 성격이나 취미도 비슷합니다.

- この地域では農業にとどまらず農産物を材料にした加工食品産業も発達している。
  이 지역에서는 농업 뿐만 아니라 농산물을 재료로 한 가공식품 산업도 발달해 있다.

～にとどまる

● 「～にとどまる」는 '어떤 위치, 단계, 범위 안에서 벗어나지 않는 것, 유지하는 것'을 나타낸다.

· 山火事の被害は中腹の一部の地域にとどまった。
　산불 피해는 산 중턱 일부 지역에 그쳤다.

· 期待されたが記録は平凡なものにとどまった。
　기대를 모았지만 기록은 평범한 것에 그쳤다.

· 会議の結論は問題点を指摘するにとどまった。
　회의의 결론은 문제점을 지적하는 데 그쳤다.

· 引退するという噂があったが結局現職にとどまった。
　은퇴한다는 소문이 있었지만 결국 현직에 머물렀다.

· クラス分けのためのテストを受けたが初級にとどまった。
　반 배정을 위한 테스트를 받았지만 초급에 머물렀다.

· 今回の事件の処理は民事裁判にとどまった。
　이번 사건 처리는 민사 재판에 그쳤다.

● 「とどまる」가 들어간 표현을 함께 알아 두자.

思いとどまる: 단념하다, 생각하다가 그만두다

· リスクが大きいので実行は思いとどまった。
　리스크가 커서 실행은 단념했다.

踏みとどまる: 참고 견디다, 남다, 머무르다

· 事故の処理が終わるまで現場に踏みとどまった。
　사고 처리가 끝날 때까지 현장에 머물렀다.

067

に(は)あたらない

~할 정도는 아니다

'그렇게 하는 것은 적당하지 않다', '그렇게까지 할 일은 아니다'라는 의미이다.

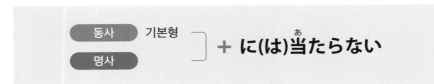

동사　기본형
명사 　　　　　+ に(は)当^あたらない

- あの人^{ひと}は時間通^{じかんどお}りに来^くる方^{ほう}が珍^{めずら}しいから遅刻^{ちこく}したからといって驚^{おどろ}くには当^あたらない。

  그 사람은 제시간에 오는 것이 드물기 때문에 지각했다고 해서 놀랄 일은 아니다.

- 途中^{とちゅう}でやめたのは事情^{じじょう}があってのことだから非難^{ひなん}するには当^あたりません。 도중에 그만둔 것은 사정이 있어서 그런 것일 테니 비난할 일은 아닙니다.

- これくらい自分^{じぶん}で直^{なお}せるから業者^{ぎょうしゃ}を呼^よぶには当^あたらない。

  이 정도는 내가 고칠 수 있기 때문에 업체를 부를 정도는 아니다.

- 引用^{いんよう}した元^{もと}の資料^{しりょう}がそうなっていたから訂正^{ていせい}には当^あたりません。

  인용한 원래 자료가 그렇게 되어 있었기 때문에 정정할 일은 아닙니다.

- 当然^{とうぜん}のことをしただけですから称賛^{しょうさん}には当^あたりません。

  당연한 일을 했을 뿐이니 칭찬할 만한 정도는 아닙니다.

● 「~に当たらない」는 '~에 해당하지 않다'라는 의미로 쓰이기도 한다.

・職業として身につけた能力は「特技」には当たりません。
직업으로서 익힌 능력은 '특기'에는 해당하지 않습니다.

・上司の指示に従って実行しただけなので責任者には当たらない。
상사의 지시에 따라 실행했을 뿐이므로 책임자에는 해당하지 않는다.

～に及ばない

'~에 미치지 않는다', '~할 정도는 아니다', '~할 필요는 없다'라는 의미로, 「~に及ばない」도 쓸 수 있지만, 이 표현은 비난, 칭찬, 놀라움, 슬픔 등과 같은 감정이나 가치와 관련된 단어와는 쓰지 않는다.

・結果は大体わかっているからいちいち報告には及ばない。
결과는 대충 알고 있으니 일일이 보고할 필요는 없다.

・今の人数でやっていけるのでアルバイトを募集するには及ばない。
지금 인원으로 해 나갈 수 있기 때문에 아르바이트를 모집할 필요는 없다.

・英語は十分わかるから通訳には及びません。
영어는 충분히 알기 때문에 통역할 필요는 없습니다.

・書類は全部揃っているから改めて提出するには及ばない。
서류는 전부 갖춰져 있으니 다시 제출팔 필요는 없다.

にひきかえ

~와는 달리, ~와는 반대로, ~에 비해

대조적인 두 가지를 비교하여, '~와는 다르게, ~데 비해, ~에 반해'라는 의미를 나타낼 때 사용한다.

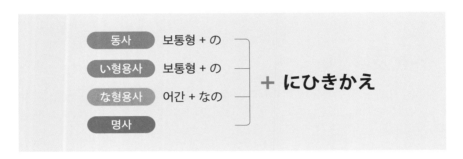

- 弟は何かあるとすぐ泣くのにひきかえ、妹は絶対に涙を見せない。
  남동생은 무슨 일이 있으면 바로 우는 데 비해 여동생은 절대로 눈물을 보이지 않는다.

- 子供の頃、父は厳しかったのにひきかえ母はとても優しかった記憶がある。
  어릴 때 아버지는 엄격했었던 데 비해 어머니는 너무 상냥했던 기억이 있다.

- シンデレラは最後が幸せなのにひきかえ人魚姫は悲しく終わる。
  신데렐라는 마지막이 행복한 데 반해 인어 공주는 슬프게 끝난다.

- 漢字を知らない外国人にひきかえ漢字文化で育った中国人は日本語の習得が早い。
  한자를 모르는 외국인과 달리 한자 문화에서 자란 중국인은 일본어 습득이 빠르다.

～に対たいして

유사한 의미인 「～に対たいして ~에 비하여」는 회화에서 많이 사용되는 표현이다. 「～にひきかえ」는 두 가지 내용을 비교하면서 우열을 가리거나 평가하는 경우가 있지만, 「～に対たいして」는 비교는 하되, 어느 쪽이 좋고 나쁘고는 직접 언급하지 않는 경우가 많다. 또한 「～に対たいして」는 비교의 의미 외에 '~에 대하여, ~에게 [대상]'라는 의미도 있다.

· 田中たなかさんは朝早あさはやく起おきて勉強べんきょうするのに対たいして山田やまださんは夜遅よるおそくまで勉強べんきょうする。

　다나카 씨는 아침 일찍 일어나서 공부하는 데 비해 야마다 씨는 밤늦게까지 공부한다.

· あの人ひとは家族かぞくのことはあまり話はなさないのに対たいして友達ともだちのことはよく話はなす。

　그 사람은 가족에 대해서는 별로 말하지 않는 데 비해 친구에 대해서는 자주 말한다.

· 夏なつは朝あさ5時じには空そらが明あかるいのに対たいして冬ふゆは7時じ過すぎまで明あかるくならない。

　여름은 아침 다섯 시에는 하늘이 밝은 데 비해 겨울은 7시 넘어서까지 밝아지지 않는다.

· 家いえは周まわりが静しずかなのに対たいして会社かいしゃは近ちかくに店みせも多おおく夜遅よるおそくまでにぎやかだ。

　집은 주위가 조용한 데 비해 회사는 근처에 가게도 많아서 밤늦게까지 떠들썩하다.

· 昨日きのう社長しゃちょうに会あった時とき、社長しゃちょうに対たいしてちゃんと挨拶あいさつできなかったことを後悔こうかいした。[대상]

　어제 사장님을 봤을 때 사장님께 제대로 인사하지 못한 것을 후회했다.

にもまして

~이상으로, ~보다 우선해서

'그 이상으로', '그보다 더해서'라고 표현할 때 사용한다. 긍정적·부정적 내용 모두 쓸 수 있다.

명사 + **にもまして**

- 12月に入って冬らしい日が続いているが今朝は昨日にもまして寒い。
  12월에 들어 겨울다운 날이 계속되는데 오늘 아침은 어제보다도 더 춥다.

- この道路は以前にもまして交通量が増えていて危険だ。
  이 도로는 이전보다 교통량이 증가하여 위험하다.

- 今年は例年にもましてサンマがたくさん取れたため安くなっているそうだ。
  올해는 예년보다 꽁치가 많이 잡혔기 때문에 가격이 저렴해지고 있다고 한다.

- ボウリング大会で前回にもましていい点を取ったので気分がいいです。 볼링 대회에서 지난번보다 더 좋은 점수를 따서 기분이 좋습니다.

- おしゃれな鈴木さんが普段にもましておしゃれして来たのはデートでしょうか。
  멋쟁이 스즈키 씨가 평소보다 더 멋을 부리고 온 것은 데이트 때문일까요?

의문사 + にもまして

의문사에 결합할 경우, '무엇보다도', '누구보다도', '어느 때보다도' 등의 의미로 쓸 수 있다.

・ 今日はお客さんが来るのでいつにもまして部屋をきれいに掃除した。
오늘은 손님이 오시기 때문에 어느 때보다도 방을 깨끗이 청소했다.

・ 丘の上に立つ小学校は地震が起きた時どこにもまして安全な場所だ。
언덕 위에 서 있는 초등학교는 지진이 일어났을 때 어느 곳보다도 안전한 장소이다.

・ 佐藤さんは古い友人で誰にもまして信頼できるパートナーです。
사토 씨는 오랜 친구로 누구보다도 신뢰할 수 있는 파트너입니다.

・ 今回の事件では何にもまして目撃者の証言が重要な手がかりでした。
이번 사건에서는 무엇보다도 목격자의 증언이 중요한 단서였습니다.

・ 今まで食べたケーキのどれにもましてこの店のチーズケーキがおいし

かった。 지금까지 먹은 케이크 중 어느 것보다도 이 가게의 치즈케이크가 맛있었다.

・ どの曲にもまして彼との思い出があるこの曲が好きです。
어느 곡보다도 그와의 추억이 있는 이 곡을 좋아합니다.

〜より(も)

「〜にもまして」가 문장체 표현이므로 회화에서는 「〜よりも ~보다도」를 많이 쓴다.

・ 去年の夏よりも今年の夏の方が暑かった。
작년 여름보다도 올해 여름이 더 더웠다.

・ 年末に来る観光客は5月の連休の時よりもずっと多い。
연말에 오는 관광객은 5월 연휴 때보다 훨씬 많다.

のいたり

무한한 ~이다, 한없는 ~이다

한정된 명사와 결합하여 사용되는 표현으로, '어떤 감정이 최고조에 달해 있음'을 나타낸다.

명사 **＋ の至（いた）り**

- 自分（じぶん）の作品（さくひん）が受賞（じゅしょう）するとは光栄（こうえい）の至（いた）りです。
  제 작품이 수상하다니 한없는 영광입니다.

- この歳（とし）になってこんな失敗（しっぱい）をするとは赤面（せきめん）の至（いた）りです。
  이 나이가 되어 이런 실수를 하다니 낯 뜨겁기 짝이 없습니다.

- ご丁寧（ていねい）にお知（し）らせくださり恐縮（きょうしゅく）の至（いた）りです。
  정중하게 알려 주셔서 송구스러울 따름입니다.

- 新入社員（しんにゅうしゃいん）だったころは若気（わかげ）の至（いた）りで上司（じょうし）ともよく喧嘩（けんか）をした。
  신입 사원이었을 때는 젊은 혈기에 상사와도 자주 싸움을 했다.

- うちの子（こ）がこんなことをするなんて親（おや）として不徳（ふとく）の至（いた）りです。
  우리 집 아이가 이런 짓을 저지르다니 부모로서 부덕의 소치입니다.

至って～

「至って」는 '극히, 매우, 아주, 대단히'와 같이 부사적인 의미로도 사용된다.

· 最近運動しているせいか至って健康です。

　요즘 운동하고 있어서 그런지 아주 건강합니다.

· 家族の突然の不幸に接しても彼は至って冷静だった。

　가족의 갑작스러운 불행에 접해도 그는 매우 침착했다.

· 私の日常は変わったところもなく至って平凡です。

　나의 일상은 별다를 것도 없이 지극히 평범합니다.

· この問題は人間の生活環境を守るために至って重要です。

　이 문제는 인간의 생활 환경을 지키기 위해 매우 중요합니다.

· その人はいつも人を笑わせるが性格は至ってまじめだ。

　그 사람은 항상 남을 웃기지만 성격은 아주 성실하다.

· 彼は大勢の人の前で話すのは初めてだと言いながら至って落ち着いて

　いた。 그는 많은 사람 앞에서 이야기하는 것은 처음이라고 하면서 매우 침착했다.

のきわみ

최고의, 몹시

'더 이상은 없을 정도로 극한 상태임'을 나타내는 표현이다. 「〜の至(いた)り」와 마찬가지로 한정된 명사와 결합하여 사용되는 표현이기 때문에 각각 짝을 이루는 표현을 통으로 기억해 두는 것이 좋다.

명사 + の極(きわ)み

- 昔(むかし)、貴族(きぞく)の生活(せいかつ)は衣食住(いしょくじゅう)すべてが贅沢(ぜいたく)の極(きわ)みだった。
  옛날 귀족의 생활은 의식주 전부가 사치의 극치였다.

- 事件(じけん)の捜査(そうさ)は証拠品(しょうこひん)の不足(ふそく)から困難(こんなん)の極(きわ)みだった。
  사건의 수사는 증거품의 부족으로 몹시 곤란했다.

- あの人(ひと)の態度(たいど)はいくら地位(ちい)が高(たか)い人(ひと)でも無礼(ぶれい)の極(きわ)みというしかない。
  그 사람의 태도는 아무리 지위가 높은 사람이라도 무례하기 짝이 없다고 말할 수밖에 없다.

- ピッチャーは「あの一球(いっきゅう)が痛恨(つうこん)の極(きわ)みだ」と悔(くや)しそうに語(かた)った。
  투수는 '그 공 하나가 통한의 극치다(몹시 원통하다)'라고 분한 듯이 말했다.

- 最後(さいご)のコンサートを聞(き)いたファンは誰(だれ)もが「感動(かんどう)の極(きわ)み」だと言(い)いました。 마지막 콘서트를 들은 팬들은 누구나 '최고의 감동'이라고 말했습니다.

- 重(おも)い荷物(にもつ)を持(も)ちながら3時間(じかん)も歩(ある)いて疲労(ひろう)の極(きわ)みに達(たっ)しています。
  무거운 짐을 들면서 세 시간이나 걸어서 피로가 극에 달해 있습니다.

〜を極^{きわ}める

「極^{きわ}める」는 '최고의 경지에 이르다, 정상에 오르다, 끝까지 가다' 등 다양한 의미로 쓰는 말로, 「〜を極^{きわ}める」는 '〜에 이르다(다다르다)', '더없이(매우) 〜하다'라는 의미이다.

- 失業問題^{しつぎょうもんだい}は不景気^{ふけいき}が長引^{ながび}くにつれて深刻^{しんこく}を極^{きわ}めている。

  실업 문제는 불경기가 길어짐에 따라 매우 심각해지고 있다.

- 山^{やま}の中^{なか}に取^とり残^{のこ}された人々^{ひとびと}の救出作業^{きゅうしゅつさぎょう}は困難^{こんなん}を極^{きわ}めた。

  산속에 남겨진 사람들의 구출 작업은 매우 어려웠다.

- 事故現場^{じこげんば}の状況^{じょうきょう}は手^てがつけられないほど悲惨^{ひさん}を極^{きわ}めていた。

  사고 현장의 상황은 손댈 수 없을 정도로 너무 비참했다.

- 親子^{おやこ}3代^{だい}で勢力^{せいりょく}を持^もつようになった一族^{いちぞく}はその後^ごもこの地域^{ちいき}で栄華^{えいが}を極^{きわ}めました。

  부모와 자식 3대에 (걸쳐) 세력을 갖게 된 일족은 그 후에도 이 지역에서 영화를 누렸습니다.

- 財産^{ざいさん}を増^ふやし続^{つづ}けたその人^{ひと}は晩年^{ばんねん}までおごりを極^{きわ}めました。

  재산을 계속 늘린 그 사람은 만년(노년)까지 온갖 사치를 부렸습니다.

- 5時間歩^{じかんある}き続^{つづ}けてようやく山頂^{さんちょう}を極^{きわ}めることに成功^{せいこう}しました。

  다섯 시간 동안 계속 걸어서 간신히 산꼭대기에 이르는 데 성공했습니다.

のだった

~인 것이었다, ~한 것이었다

신문 기사, 논문, 수필, 소설 등에서 문말에 붙이는 문장체 표현으로 단정적인 뉘앙스를 나타낸다.

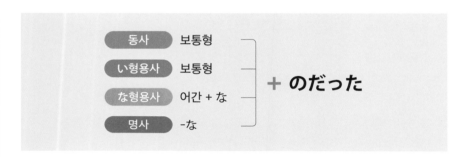

동사	보통형	
い형용사	보통형	**+ のだった**
な형용사	어간 + な	
명사	-な	

・その日事件の起きた時間に現場にいたことから警察は彼を疑うの だった。

그날 사건이 일어난 시간에 현장에 있었기 때문에 경찰은 그를 의심하는 것이었다.

・一番信頼していた友人がその人を裏切ったのだった。

가장 믿고 있던 친구가 그 사람을 배신한 것이었다.

・日本料理は見た目はきれいだったが量が少なく物足りなかったの だった。 일본 요리는 겉보기에는 예뻤지만 양이 적고 뭔가 아쉬웠던 것이다.

・情報は直接取材をしながら集めたものだから確実なのだった。

정보는 직접 취재를 하면서 모은 것이기 때문에 확실한 것이었다.

・旅行しながら写真を撮ることが父のただ一つの趣味なのだった。

여행을 다니면서 사진을 찍는 것이 아버지의 단 하나의(유일한) 취미인 것이었다.

〜んだ / 〜んだった

● 주장, 단정, 감탄의 의미인 「〜のだ ~인 것이다」의 회화체 표현은 「〜んだ」이다.

・このケーキはこの店が初めて作ったのだ。

　　이 케이크는 이 가게가 처음 만든 것이다.

・このケーキはこの店が初めて作ったんだ。

　　이 케이크는 이 가게가 처음 만든 거야.

・これはネコが壊したのだ。

　　이건 고양이가 부순 것이다.

・これはネコが壊したんだ。

　　이건 고양이가 부순 거야.

● 그러나 「〜のだった」와 「〜んだった」는 의미가 다르다. 「〜んだった」가 회화체인 것은 맞지만 그 의미는 '후회'이다.

・こんなに寒いとは思わなかった。暖かい服を着て来るんだった。

　　이렇게 추울 줄 몰랐어. 따뜻한 옷을 입고 올 걸 그랬어.

・A 試験がよくできなかったの？

　　　시험 잘 못 봤어?

　B もっと早くから勉強するんだった。

　　　좀 더 일찍부터 공부할 걸.

・A お腹、空いた？

　　　배고파?

　B うん、さっきあそこでおにぎりでも食べるんだった。

　　　응, 아까 저기서 주먹밥이라도 먹을 걸 그랬어.

073

はいざしらず / ならいざしらず

~라면 모르지만, ~라면 모르겠지만

특별한 경우나 부득이한 사정을 제시하고, '그 경우라면 모르지만 보통은 이렇다'라고
표현할 때 사용한다. 동사, 형용사는「～ならいざ知らず」, 명사는「～はいざ知らず」,
「～ならいざ知らず」의 형태 모두 쓸 수 있다.

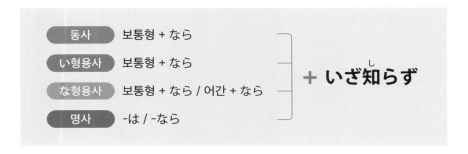

동사	보통형 + なら	
い형용사	보통형 + なら	+ いざ知らず
な형용사	보통형 + なら / 어간 + なら	
명사	-は / -なら	

- 壊れてしまったならいざ知らずまだ使えるなら買うのはもう少し
  我慢しよう。 고장 났으면 몰라도 아직 쓸 수 있다면 사는 건 좀 더 참자.

- 調子が悪いならいざ知らずなるべく試合には参加してほしい。
  컨디션이 나쁘다면 몰라도 되도록이면 시합에는 참가해 주었으면 한다.

- 忙しかったならいざ知らず時間があるのにどうして来なかったん
  ですか。 바빴으면 몰라도 시간이 있는데 왜 안 왔어요?

- 症状が危険ならいざ知らずできるだけ手術はしないようにしたい。
  증상이 위험하다면 몰라도 가능한 한 수술은 하지 않고 싶다.

- 報道関係者はいざ知らず一般の人はここに入れません。
  보도 관계자면 몰라도 일반인은 이곳에 들어올 수 없습니다.

～はともかく / ～ならともかく

「いざしらず」가 예스럽고 딱딱한 표현이기 때문에 회화에서는 「ともかく」를 쓰는 경우가 많다. 「～は」, 「～なら」 외에도 「～ば」, 「～たら」 등의 가정·조건을 나타내는 조사에도 연결할 수 있다.

· 一般道路はともかく、高速道路で事故が起きたら付近の車は全部止まってしまいます。

일반 도로면 몰라도 고속 도로에서 사고가 났다면 부근의 차는 전부 멈춰 버립니다.

· 悪いことをしたならともかく、何もしていないのに隠れることはない。

나쁜 짓을 저질렀다면 몰라도 아무것도 하지 않았는데 숨을 것은(이유는) 없다.

· 近くで売っているならともかく、遠くの店に行くならネットで買ったほうがいい。

근처에서 팔고 있다면 몰라도 멀리 있는 가게에 갈 거면 인터넷에서 사는 편이 낫다.

· 母が元気ならともかく、ずっと入院しているから心配で夜も眠れません。

어머니가 건강하시다면 모를까 계속 입원하고 계셔서 걱정이 되어 밤에도 잠이 안 옵니다.

· 座っていられないほど痛ければともかく、そうでなければ休んでいるうちによくなる。

앉아 있을 수 없을 정도로 아프면 모를까 그렇지 않다면 쉬는 동안에(쉬다 보면) 좋아진다.

· 軽自動車だったらともかく消防車のような大型車はこの道に入れないでしょう。

경차라면 몰라도 소방차와 같은 대형차는 이 길로 들어가지 못할 겁니다.

074

はおろか

~는커녕, ~는 고사하고

'~은 말할 필요도 없이'라는 의미로, 뒤에는 '~도(까지, 조차) 그렇다'라는 표현이 이어지는 경우가 많으며 주로 부정적인 내용이 온다.

명사 + はおろか

・その学生は宿題はおろか先生が持ってくるように言ったものは何一つ持ってこない。
　그 학생은 숙제는커녕 선생님이 가져오라고 한 것은 무엇 하나(아무것도) 가져오지 않는다.

・この会社には受付が一人いるだけで課長や部長はおろか社長まで営業に回っている。　이 회사에는 접수 담당 한 명 있을 뿐이고 과장이나 부장은커녕 사장까지 영업으로 외근 나간다.

・医者から甘いものを禁じられたのでお菓子はおろか果物も甘いものは食べない。
　의사가 단것을 금했기 때문에 과자는커녕 과일도 단것은 먹지 않는다.

・忙しい時は食事はおろかトイレに行くことさえ交代制になることもある。　바쁠 때는 식사는커녕 화장실에 가는 것조차 교대제가 되는 경우도 있다.

・試験が始まったら質問することはおろか声を出してもいけない。
　시험이 시작되면 질문하는 것은 고사하고 소리를 내서도 안 된다.

「~はおろか」는 문장체이기 때문에 회화에서는 「~どころか ~는커녕」, 「~はもちろん ~는 물론」과 같은 표현을 많이 쓴다. 「~どころか」는 「~はおろか」와 마찬가지로 뒤에 오는 내용을 강조하기 위해 앞의 것을 예시하는 뉘앙스이고, 「~はもちろん」은 앞뒤의 내용을 대등하게 제시하는 뉘앙스가 있다. 따라서 뒤에는 「さえ ~조차」, 「まで ~까지」보다는 「も ~도」 정도의 조사를 사용하는 경우가 많다.

・ 毎月の赤字は減るどころかどんどん増えていきます。
매달 적자는 줄어들기는커녕 계속 늘어 갑니다.

・ 彼女の家は貧しいどころか大きな会社の社長の娘だそうです。
그녀의 집은 가난하기는커녕 큰 회사의 사장 딸이라고 합니다.

・ その計算は正確どころか重大な間違いがいくつかある。
그 계산은 정확하기는커녕 중대한 오류가 몇 개 있다.

・ 最近の若い人たちは結婚どころか恋愛も面倒くさいという。
요즘 젊은 사람들은 결혼은커녕 연애도 귀찮다고 한다.

・ 当ホテルではプールで泳ぐのはもちろんサウナも無料で利用できます。
저희 호텔에서는 수영장에서 수영하는 것은 물론 사우나도 무료 이용할 수 있습니다.

・ 子供向けの本だから話が易しいのはもちろん絵もたくさん入っています。 어린이용 책이라 이야기가 쉬운 것은 물론 그림도 많이 들어가 있습니다.

・ あの人は正直なのはもちろんまじめな性格で信頼できます。
그 사람은 정직한 것은 물론 성실한 성격으로 신뢰할 수 있습니다.

・ この公園ではサッカーはもちろんバドミントンも禁止されている。
이 공원에서는 축구는 물론 배드민턴도 금지되어 있다.

ばこそ

~기 때문에, ~기에, ~이어야(만)

'다른 이유가 아닌 이런 이유로'라는 의미로, 뒤에 오는 행동의 이유를 강조하는 표현이다. 여기서 가정형 형태의 「-ば」는 '가정'의 의미가 아니다. 가정을 나타내는 다른 접속조사인 「-たら」, 「-なら」 등은 「〜こそ」와 연결되지 않는다.

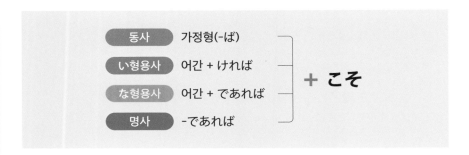

- お金があればこそ老後の生活を楽しく過ごせるのではないでしょうか。 돈이 있어야 노후 생활을 즐겁게 보낼 수 있지 않을까요?

- 親は子供のことを思えばこそ厳しく叱るといいます。
  부모는 자식을 생각하기 때문에 엄격하게 꾸짖는다고 합니다.

- 選手はメンタルとともに体の調子が良ければこそ記録が伸びます。
  선수는 멘탈과 함께 몸 컨디션이 좋아야 기록이 향상됩니다.

- 健康であればこそ家族との楽しい時間も過ごせます。
  건강해야 가족과의 즐거운 시간도 보낼 수 있습니다.

- 子供であればこそ大人より斬新なアイデアを思いつくことがある。
  어린아이이기 때문에 어른보다 참신한 아이디어를 생각해 내는 경우가 있다.

~からこそ

유사 표현인 「~からこそ ~이기 때문에」도 '다름이 아니라 바로 이것'이라고 이유나 원인을 특별히 강조하는 표현이다.

・いつも忙しい鈴木さんには朝早く行ったからこそ会うことができたと思います。

늘 바쁜 스즈키 씨는 아침 일찍 (찾아)갔기 때문에 만날 수 있었다고 생각합니다.

・早めに駅に行って待っていたからこそ特急に乗ることができた。

일찌감치 역에 가서 기다렸기 때문에 특급을 탈 수 있었다.

・この食堂は料理がおいしいからこそ客の評判がいいんです。

이 식당은 요리가 맛있기 때문에 손님의 평이 좋은 것입니다.

・人はいつか訪れる別れが辛いからこそ出会いを大切にする。

사람은 언젠가 다가올 이별이 고통스럽기 때문에 만남을 소중히 여긴다.

・夜空に星がたくさん見えるのは空気がきれいだからこそでしょう。

밤하늘에 별이 많이 보이는 것은 공기가 깨끗해서일 것입니다.

・好きだからこそ辛い練習も続けることができる。

좋아하기 때문에 힘든 연습도 계속할 수 있다.

・60歳の誕生日だからこそ特別なプレゼントを考えています。

60세 생일이라 특별한 선물을 생각하고 있습니다.

・あの人は以前スポーツ選手だったからこそ健康管理がよくできる。

저 사람은 예전에 스포츠 선수였기 때문에 건강 관리를 잘한다.

ばそれまでだ

~면 그것으로 끝이다, ~면 그만이다

'어떤 행동을 하거나 어떤 상황이 되면 그것으로 끝이다, 모두 헛수고가 된다, 모든 일이
수포로 돌아간다'는 의미이다.

> **동사** 가정형(-ば) **+ それまでだ**

- 交渉(こうしょう)すればもっと有利(ゆうり)になるかもしれないがサインしてしまえば

  それまでだ。 협상하면 더 유리해질 수도 있지만 사인해 버리면 그걸로 끝이다.

- 会社(かいしゃ)には言(い)いたいことがあるが辞(や)めてしまえばそれまでだから今(いま)
  は我慢(がまん)する。 회사에는 하고 싶은 말이 있지만 퇴사하면 그만이니까 지금은 참겠다.

- 社員(しゃいん)の考(かんが)えを反映(はんえい)できなくなればこの会社(かいしゃ)もそれまでですね。
  사원(직원)의 생각을 반영할 수 없게 되면 이 회사도 끝장이네요.

- 才能(さいのう)がないと言(い)ってしまえばそれまでですが毎回(まいかい)負(ま)けるのは悔(くや)しい。
  재능이 없다고 말해 버리면 그만이지만 매번 지는 것은 분하다.

～たらそれまでだ

또 다른 가정형 접속 조사 「～たら」를 결합한 「～たらそれまでだ」를 써도 동일한 의미가 된다.

・せっかく秘密を守ってきたのにあの人に話したらもうそれまでだ。
애써 비밀을 지켜 왔는데 그 사람에게 이야기하면 이제 끝이다.

・あんなに練習したのに…でもここで諦めたらそれまでになってしまう。
그렇게 연습했는데…하지만 여기서 포기하면 끝장이 나 버린다.

・苦労して貯めたお金も使ってしまったらそれまででしょう。
고생해서 모은 돈도 써 버리면 그것으로 끝이잖아요.

・救助が来るまで頑張ろう。ここで寝てしまったらそれまでだ。
구조가 올 때까지 버티자. 여기서(지금) 자 버리면 끝이야.

・こんなところを誰かに見られたらそれまでだ。
이런 모습을 누가 보게 되면 끝장이다.

・高速道路でタイヤがパンクしたらもうそれまでです。
고속 도로에서 타이어에 펑크가 나면 그때는 끝장입니다.

077

べからざる

~할 수 없는, ~해서는 안 되는

'무엇인가 해서는 안 되거나 없어서는 안 되는 것'을 나타내는 표현으로, 「べからざる + 명사」의 형태로 쓴다. 한정된 동사에만 쓰이는 관용적 표현이다. 「〜する ~하다」는 「〜すべからざる ~할 수 없는」로 활용하기도 한다.

동사 기본형 **+ べからざる**

- このプロジェクトを進めるのに山田さんは欠くべからざる人材だ。
  이 프로젝트를 진행하는 데 있어 야마다 씨는 빠져서는 안 되는 인재이다.

- 今やスマホは年齢を超えて生活に欠くべからざる道具になっている。
  이제 스마트폰은 연령을 뛰어넘어 생활에 없어서는 안 되는 도구가 되었다.

- 人を傷つける言葉による攻撃は許すべからざる卑劣な暴力だ。
  남에게 상처를 주는 말에 의한 공격은 용서할 수 없는 비열한 폭력이다.

- ストレスは健康を害するものとして無視すべからざる脅威となっている。 스트레스는 건강을 해치는 것으로서 무시할 수 없는 위협이 되고 있다.

- 小学校に侵入して子供を傷つけるなんてあり得べからざる事件だ。
  초등학교에 침입해 아이들을 다치게 하다니 있을 수 없는 사건이다.

> 「あり得る 있을 수 있다」는 「あり得 + べからざる」로 활용한다.

● 「〜べからざる」가 딱딱한 문장체이므로 일상 회화에서는 좀 더 쉬운 표현을 쓴다.

・欠くべからざる → 欠かせない 빠뜨릴 수 없는, 없어서는 안 되는

酸素は人間にとっては欠かせないものです。
산소는 인간에게 있어서는 빼놓을 수 없는 것입니다.

・許すべからざる → 許せない 용서할 수 없는

今の言葉は教師としては許せない表現だ。
지금의 말은 교사로서는 용서할 수 없는 표현이다.

・無視すべからざる → 無視できない 무시할 수 없는

毎月外食に使うお金も無視できない金額になります。
매달 외식에 쓰는 돈도 무시할 수 없는 금액이 됩니다.

・あり得べからざる → あってはならない, あり得ない
　　　　　　　　　　　　있어서는 안 되는, 있을 수 없는

小学生が高校生と喧嘩をして勝つなんてあり得ないことだ。
초등학생이 고등학생과 싸워서 이기다니 있을 수 없는 일이다.

〜べからず

「〜べからざる」가 명사 수식형인 데 비해「〜べからず ~지 말 것」는 문말에 쓰이며 '금지'를 나타내는 표현이다. 게시판이나 간판 등에서 사용되며 표현이 한정되어 있다.

・危険！触るべからず。 위험! 만지지 말 것.

・芝生に入るべからず。 잔디 밭에 들어가지 말 것.

・ごみを捨てるべからず。 쓰레기를 버리지 말 것.

・病院内でタバコを吸うべからず。 병원 내에서 담배를 피우지 말 것.

078

べく

~하려고, ~하고자, ~하기 위해

'어떤 목적을 이루기 위해 이러한 행동을 했다'는 것을 나타낼 때 쓰는 문장체 표현이다. 일상 회화에서는 「～ようと ~하려고」, 「～ために ~하기 위해」 등을 주로 사용하지만 「～べく」를 쓰면 더 강한 의지를 나타낼 수 있다. 「～する ~하다」는 「～すべく ~하려고」로 활용하기도 한다.

동사 기본형 **+ べく**

- 会社ではなかなか会えない部長に会うべく自宅の前で待った。
  회사에서는 좀처럼 만날 수 없는 부장님을 만나려고 자택 앞에서 기다렸다.

- 初めてのプレゼンを成功させるべく1か月前から準備を始めた。
  첫 프레젠테이션을 성공시키기 위해 한 달 전부터 준비를 시작했다.

- 年末までに仕事を終えるべく毎日遅くまで残業をしている。
  연말까지 일을 마치기 위해 매일 늦게까지 야근을 하고 있다.

- 子供との約束を守るべく今年のクリスマスは早く家に帰った。
  아이와의 약속을 지키기 위해 올해 크리스마스는 일찍 집으로 돌아갔다.

- 私たちは外国の訪問団を歓迎すべく空港に向かった。
  우리는 외국 방문단을 환영하기 위해 공항으로 향했다.

- 飛行機の予約をするべくインターネットのサイトを調べた。
  비행기 예약을 하기 위해 인터넷 사이트를 찾아봤다.

~ために

일상 회화에서 '목적'을 나타낼 경우에는「~ため(に)」를 많이 쓰는데,「~べく」와 달리 '이유'를 나타내는 용법도 있다. 또한「~べく」는 뒤에 의뢰, 명령, 권유 등의 표현이 오지 않지만「~ため(に) / ~ため(には)」에는 그런 제한이 없다.

● 목적

· 子供の誕生日プレゼントを買うためにデパートに行った。
아이의 생일 선물을 사기 위해 백화점에 갔다.

· 国立大学に合格するためには平均点が80点以上でなければならない。
국립 대학에 합격하려면 평균 점수가 80점 이상이어야 한다.

· 10日までに着くためには遅くとも明日中には送ってください。
10일까지 도착하려면 늦어도 내일 중에는 보내 주세요.

● 이유

· 朝は車が混むため通勤は自転車ですることにしました。
아침에는 차가 막히기 때문에 출퇴근은 자전거로 하기로 했습니다.

· 来週は忙しくなるため今週中に用事を済ませます。
다음 주는 바빠지기 때문에 이번 주 안에 볼일을(용무를) 마치겠습니다.

· 昨日は電車が遅れたために学校に遅刻しました。
어제는 전철이 늦게 와서 학교에 지각했습니다.

079

まじき

~해서는 안 되는, ~답지 못한

직업이나 지위, 입장을 나타내는 말에 붙여서 '~로서는 해서는 안 되는 일이다'라는 것을 나타낸다. 실제로 사용되는 말은 「あるまじき 있어서는 안 되는, 있을 수 없는」와 「許すまじき 용서받지 못할」 정도뿐이다.

동사 기본형 **+ まじき**

- 責任回避は社会人としてあるまじき行動だ。

  책임 회피는 사회인으로서 있어서는 안 될 행동이다.

- 人としてあるまじき行為をした者をそのまま置いておけない。

  사람으로서 있어서 안 될 행위를 저지른 자를 그대로 놔둘 수 없다.

- 小さい子供を家に置いたまま遊びに行くとは親としてあるまじき育児放棄だ。

  어린아이를 집에 둔 채 놀러 가다니 부모로서 있을 수 없는 육아 포기이다.

- 税金を私用に使うとは公務員として許すまじき行為だ。

  세금을 개인 용도로 쓰다니 공무원으로서 용서할 수 없는 행위이다.

- 盗作は作家として許されまじきことと非難されている。

  표절은 작가로서 용서받지 못할 일이라고 비난받고 있다.

- 子供の生命を奪うという許すまじき犯罪が増えている。

  어린아이의 생명을 앗아가는 용서할 수 없는 범죄가 늘어나고 있다.

あってはならない

'있어서는 안 되는, 있을 수 없는'이라는 의미로 회화에서는 「あってはならない」를 쓴다.

・外国人という理由で市民としての権利がないのはあってはならないこ

　とだ。 외국인이라는 이유로 시민으로서의 권리가 없는 것은 있어서는 안 되는 일이다.

・こんな事件は二度とあってはならないと集まった人たちは口を揃えた。
　이런 사건은 두 번 다시 있어서는 안 된다고 모인 사람들은 입을 모았다.

・5年間優勝を続けた大会で初めて出場したチームに負けたのはあって

　はならないことです。
　5년 동안 우승을 이어간 대회에서 처음으로 출전한 팀에 진 것은 있을 수 없는 일입니다.

・電車のドアが開いたまま30分も走るなんてあってはならないことです。
　전철 문이 열린 채로 30분이나 달리다니 있어서는 안 될 일입니다.

・信号機が故障するなんてあってはならないことだから原因を調査す

　べきだ。
　신호등이 고장 나다니 있어서는 안 되는 일이기 때문에 원인을 조사해야만 한다.

・病院で赤ちゃんを間違えるようなことは絶対あってはなりません。
　병원에서 아기가 (다른 아기로) 잘못 바뀌는 일은 절대 있어서는 안 됩니다.

080

までだ

~할 수밖에 없다, ~할 뿐이다, ~할 생각(각오)이다, ~하면 된다 [각오 · 한정 · 겸손]

'다른 방법이 없어 이렇게 할 수밖에 없다'라는 표현인데, 뉘앙스는 다양하다. 자신이 하 겠다는 '각오', 따로 특별한 이유 없이 가벼운 마음으로 한다는 '한정', 자신의 행위에 큰 의미가 없다고 말하는 '겸손' 등이 있다. 유사 표현으로 「〜だけだ ~뿐이다」가 있지만 '각오'의 뉘앙스는 없다.

> **동사** 기본형 **+ までだ**

각오

- たとえ誰もする人がいなくなるとしても私一人でするまでだ。
  설령 아무도 할 사람이 없어진다고 해도 나 혼자서 할 생각이다.

- 今年試験に合格できなければ来年も、再来年も挑戦するまでだ。
  올해 시험에 합격하지 못하면 내년에도, 내후년에도 도전할 생각이다.

- この気持ちが彼女に受け入れられなかったら自分一人で思い続け るまでです。
  이 마음이 그녀에게 받아들여지지 않는다면 저 혼자서 계속 짝사랑할 생각입니다.

- 一人でうまくいかなければ他の人に協力を呼びかけて一緒に進め るまでです。
  혼자서 잘 못하면 다른 사람에게 협조를 호소하여 함께 진행하면 됩니다.

- 壁に突き当たってもそれを乗り越えるまでです。
  벽에 부딪쳐도 그것을 뛰어넘으면(극복하면) 됩니다.

- A こんにちは。今日はどうしたんですか。

  안녕하세요? 오늘은 무슨 일로 오셨어요?

  B ちょっと近くに来たから挨拶でもと寄ってみたまでです。

  근처에 볼일이 있어 (지나가는 길에) 인사라도 드릴까 해서 들렀을 뿐이에요.

- さっきのことは普段考えていることを言ったまでです。

  아까 말한 것은 평소에 생각하고 있는 것을 말했을 뿐이에요.

겸손

- A ニュース見ましたよ。おぼれた子供を助けたって。

  뉴스 봤어요. 물에 빠진 아이를 구해 주었다고요?

  B いや、当たり前のことをしたまでですよ。

  아니요, 당연한 일을 했을 뿐이에요.

- A ボランティアに行ったんですって？

  자원봉사 활동을 갔다고요?

  B 他の人が一緒にやろうっていうからついて行ったまでです。

  다른 사람이 같이 하자고 해서 따라 갔을 뿐이에요.

- 私はただアドバイスしたまでで本人が努力したから成功したんです。

  저는 단지 조언을 했을 뿐이고, 본인이 노력했기 때문에 성공한 것입니다.

다음 문장의 (　　　)에 넣기에 가장 적당한 것을 1·2·3·4에서 하나 고르세요.

1　ベテランの鈴木さん（　　　）初歩的なミスをすることがあって驚いた。

　　1　として　　　2　にして　　　3　だったら　　　4　のくせに

2　これは信頼するに（　　　）ところから得た情報です。

　　1　あう　　　　2　おうじる　　3　じゅんじる　4　たる

3　アルバイトの日程はなるべく皆さんの希望に（　　　）決めたいと思います。

　　1　かなって　　2　あたって　　3　そくして　　4　ながれて

4　相手を故意に怪我させたわけではないので「傷害罪」には（　　　）。

　　1　あたらない　　　　　　　　2　ぶつからない

　　3　はまらない　　　　　　　　4　おうじない

5　その人は一人暮しの老人の安否確認に（　　　）食事の世話までしている。

　　1　とどまらず　2　こだわらず　3　かぎらせず　4　のみならず

어휘

故意に 고의로, 일부러　　傷害罪 상해죄(남에게 상처를 입힘으로써 성립하는 범죄)　　安否 안부

6 わざわざ事務所（じ む しょ）まで来ていただき恐縮（きょうしゅく）の（　　　　）でございます。

1　ほまれ　　　2　ほこり　　　3　いたり　　　4　おそれ

7 ルーブル美術館（び じゅつかん）はそれ自体（じ たい）が芸術（げいじゅつ）の（　　　　）だと言（い）われている。

1　ベスト　　　2　極（きわ）み　　　3　めぐみ　　　4　限界（げんかい）

8 ある動物（どうぶつ）は夜（よる）のみ行動（こうどう）するが、それは昼（ひる）より安全（あんぜん）だという自己防衛（じ こ ぼうえい）
の結果（けっ か）（　　　　）。

1　になったのだ　　　　　　　2　なのだった
3　のことだった　　　　　　　4　といったのだ

9 ここで諦（あきら）めれば（　　　　）が、もう少（すこ）し様子（ようす）を見（み）て判断（はんだん）しよう。

1　それからだ　　2　それだ　　　3　それまでだ　　4　そこだけだ

10 歩道（ほ どう）での自転車放置問題（じ てんしゃほう ち もんだい）は放（ほう）っておく（　　　　）問題（もんだい）ではないでしょ
うか。

1　べからざる　　　　　　　　2　べき
3　あたえざる　　　　　　　　4　べし

恐縮（きょうしゅく） 공축, 황송, 송구　　自己防衛（じ こ ぼうえい） 자기 방위, 자기방어　　放置（ほう ち） 방치　　放（ほう）る 내던지다
放（ほう）っておく 내버려 두다, 방치하다

다음 문장의 ___★___ 에 들어가기에 가장 적당한 것을 1·2·3·4에서 하나 고르세요.

1 高齢化社会を ＿＿＿ ＿＿＿ ★ ＿＿＿ 問題が注目されています。

　　1　迎えて　　　2　かかわる　　3　老後に　　　4　今

2 正月の連休 ＿＿＿ ＿＿＿ ★ ＿＿＿ 連休に旅行者が多いのは気候のせいです。

　　1　も　　　　　2　5月の　　　3　に　　　　　4　まして

3 毎日あの人の聞くに ＿＿＿ ＿＿＿ ★ ＿＿＿ 会社を辞めたい。

　　1　耳に　　　　2　するなら　　3　噂を　　　　4　たえない

4 新しいドラマが好調 ＿＿＿ ＿＿＿ ★ ＿＿＿ 俳優で話題のドラマは低迷している。

　　1　豪華な　　　2　なの　　　　3　ひきかえ　　4　に

5 電話が故障したと ＿＿＿ ＿＿＿ ★ ＿＿＿ 来られない時は連絡ぐらいしてほしい。

　　1　いざ　　　　2　なら　　　　3　知らず　　　4　いう

어휘

迎える 맞이하다　低迷する 저조하다, 부진하다　豪華だ 호화롭다

6 今回の会議には ＿＿＿ ＿＿＿ ★ ＿＿＿ 来られなかったので
何も決まらなかった。

　　1　課長も　　　2　は　　　　3　部長　　　4　おろか

7 今日は早く家に ＿＿＿ ＿＿＿ ★ ＿＿＿ 休まずに仕事を片づ
けた。

　　1　帰る　　　　2　昼休み　　3　も　　　　4　べく

8 リーダーを信頼 ＿＿＿ ＿＿＿ ★ ＿＿＿ 大きな力を発揮で
きます。

　　1　チーム　　　2　すれば　　3　こそ　　　4　として

9 自分の家のゴミを他の家の前に ＿＿＿ ＿＿＿ ★ ＿＿＿ 迷惑
行為だ。·

　　1　まじき　　　2　とは　　　3　捨てる　　4　許す

10 原稿が締め切りに間に合わなければ2回に分けて ＿＿＿ ＿＿＿
★ ＿＿＿。

　　1　する　　　　2　まで　　　3　です　　　4　掲載

発揮 발휘　　締め切り 마감　　掲載 게재, (신문이나 잡지 등에) 실음

081

までもない

~할 필요도 없다

'일부러 하지 않아도 괜찮다'는 의미이다. 유사 표현으로 「～までのこともない ~것까지도 없다」, 「～ことはない ~것은 없다」 등이 있다.

동사) 기본형 **+ までもない**

・このホテルには最近泊まったことがあるから説明を聞くまでもない。
이 호텔에는 최근에 묵은 적이 있어서 설명을 들을 필요도 없다.

・私がそちらに行きます。わざわざ来られるまでもありません。
제가 그쪽으로 가겠습니다. 일부러 오실 필요 없습니다.

・事務所はすぐ近くなので車に乗るまでもない。
사무실은 바로 근처라서 차를 탈 필요도 없다.

・こんなに晴れているし天気予報を見るまでもないだろう。
이렇게 날씨도 맑으니 일기 예보를 볼 필요도 없겠지.

・結果を待つまでもなく今回の試験は自信があります。
결과를 기다릴 것도 없이 이번 시험은 자신이 있습니다.

・長い時間をかけて裁判をするまでもなく被告の有罪は明白だ。
긴 시간을 들여서 재판을 할 필요도 없이 피고의 유죄는 명백하다.

～までのこともない VS ～ことはない

「～までもない」는 '그럴 필요 없다' 이상으로 '그렇게 하는 것은 낭비(헛수고)이다'라는 뉘앙스가 있고 다른 사람의 행동과 자신의 행동에 대해 사용하는 것이 가능하다. 「～까지의 것도 없다」는 「～까지의 것도 없다」와 비슷하지만 '그렇게 할 정도는 아니다'라고 상대방을 설득하는 느낌이 든다. 「～ことはない」는 충고처럼 다른 사람에게 말할 때만 쓸 수 있고 단순히 '그럴 필요가 없다'는 의미를 가지고 있다.

- タクシーは家の前に来るように言ったから外で待つまでのこともない。
  택시는 집 앞으로 오라고 했으니 밖에서 기다릴 필요 없다.

- メールで携帯番号を送りますからメモするまでのこともありません。
  메일로 휴대폰 번호를 보낼 테니 메모까지 할 필요 없습니다.

- 昨日確認しておいたし、改めてこちらから連絡するまでのこともない。
  어제 확인해 두었으니 다시 이쪽에서 연락할 필요 없다.

- 積もった雪はほとんど解けてわざわざ片づけるまでのこともありません。
  쌓인 눈은 거의 녹아서 일부러 치울 필요 없습니다.

- パスポートがあれば他に身分証明書を持って来ることはない。
  여권이 있으면 따로 신분증을 가져올 필요는 없다.

- 嫌いなのに無理に食べることはないから残してもかまわない。
  싫어하는데 억지로 먹을 필요는 없으니 남겨도 괜찮다.

- 自由出勤制だから出勤時間は気にすることはありません。
  자유 출근제이니까 출근 시간은 신경 쓸 필요는 없습니다.

- 忙しい時期にわざわざ時間を割いて来ることはありませんよ。
  바쁜 시기에 일부러 시간을 내서 올 필요는 없습니다.

082

まみれ

~범벅, ~투성이

더러운 것이 전체에 붙어 있는 상태를 나타내는 표현이다. 주로 액체나 가루 등의 단어와 쓰이며, 유사 표현으로는「〜だらけ」,「〜ずくめ」등이 있다.

명사 ＋ まみれ

- ボクシングの選手が血まみれの顔で戦い続けている。
  복싱 선수가 피투성이의 얼굴로 계속 싸우고 있다.

- 運動をした後、汗まみれの体をシャワーできれいにしました。
  운동한 후 땀범벅이 된 몸을 샤워로 깨끗이 했습니다.

- 子供たちは外で泥まみれになって遊ぶのが好きだ。
  아이들은 밖에서 흙투성이가 되어 노는 것을 좋아한다.

- 一日中油まみれになって自動車の整備をしている。
  하루 종일 기름범벅이 돼서 자동차 정비를 하고 있다.

- 本棚には何年も手にしていないほこりまみれの本も多い。
  책장에는 몇 년이나 손에 쥐지 않은 먼지투성이 책도 많다.

- 一度も洗濯していないような垢まみれの服は捨てましょう。
  한 번도 빨지 않은 것 같은 때투성이의(때 묻은) 옷은 버립시다.

- 彼は借金まみれの生活から抜け出そうと努力しています。
  그는 빚투성이의 생활에서 벗어나려고 노력하고 있습니다.

～だらけ VS ～ずくめ

「～だらけ ~투성이」는 「～まみれ」와 공통된 용법도 있으나 '상처, 잘못, 실수, 주름'과 같은 말은 「～まみれ」와 붙지 않는다. 「～ずくめ ~투성이, 일색」는 특별한 일이 이어지거나 복장과 관련된 표현이 많다.

・どんなところを走ってきたのか新しい車が傷だらけになっていた。
　어떤 길을 달려왔는지 새 차가 상처투성이가 되어 있었다.

・初めて書いたレポートは日本語が間違いだらけで恥ずかしかった。
　처음으로 쓴 리포트는 일본어가 오류투성이어서 창피했다.

・今までして来たことは失敗だらけだったが今度こそ成功する自信がある。
　지금까지 해 온 것은 실패투성이었지만 이번에야말로 성공할 자신이 있다.

・一人暮らしをしている息子の部屋を訪ねたらごみだらけでびっくりした。
　혼자 살고 있는 아들 방(집)을 찾아갔더니 쓰레기투성이라 깜짝 놀랐다.

・今年は日本語能力試験のN1に合格して就職も決まりいいことずくめの
　年だった。　올해는 일본어능력시험 N1에 합격하고 취직도 되고 좋은 일만 가득한 해였다.

・毎日朝から夜まで働きずくめで倒れてしまいそうだ。
　매일 아침부터 밤까지 계속 일만 하니 쓰러져 버릴 것 같다.

・彼女が身につけているのは帽子から靴までブランド品ずくめだ。
　그녀가 몸에 걸치고 있는 것은 모자부터 신발까지 모두 명품일색이다.

・友達に招待されて家を訪問したらご馳走ずくめの夕食で歓待してく
　れた。　친구에게 초대받아 집을 방문했더니 진수성찬의 저녁 식사로 환대해 주었다.

083

めく

~답다, ~같다

'~와 비슷한 느낌, 유사한 상황이나 상태'를 나타낼 때 쓰는 표현이다. 함께 쓸 수 있는 명사가 한정되어 있다.

 명사 **+ めく**

・野原には菜の花が咲き始め風も暖かくすっかり春めいてきた。
들판에는 유채꽃이 피기 시작하고 바람도 따뜻하여 완연한 봄기운이 감돌았다.

・友達は冗談めいた言い方で会社を辞めるつもりだと打ち明けた。
친구는 농담조로 회사를 그만둘 생각이라고 털어놓았다.

・老人は謎めいた言葉を残して風のように消え去った。
노인은 수수께끼 같은 말을 남기고 바람처럼 사라졌다.

・歳を取るほど若い人に向かって説教めいた話をしたがるものだ。
나이가 들수록 젊은 사람들에게 설교하는 듯한 이야기를 하고 싶어 하는 법이다.

・1月も3日を過ぎると人出が多くなって店も正月めいた活気に包まれる。 1월도 3일을 지나자 인파도 많아지고 가게들도 설날다운 활기에 휩싸인다.

・言い訳めいた話ですが、私はその時、暗かったので相手の顔が見えなかったんです。
변명 같은 이야기지만 저는 그때 어두워서 상대방 얼굴이 보이지 않았습니다.

앞서 학습한 「～めく」와 관련 있는 표현은 아니지만, 「めく」가 들어간 동사를 참고로 알아 두자.

ときめく: 가슴이 두근거리다, 설레다

・久しぶりの一人旅で胸が**ときめいて**います。

　오랜만에 혼자 가는 여행이라 가슴이 설렙니다.

ざわめく: 웅성거리다, 술렁거리다

・事故の現場は集まった人たちの声で**ざわめいて**いた。

　사고 현장은 모인 사람들의 목소리로 웅성거리고 있었다.

きらめく: 빛나다, 반짝거리다

・夜の空にはたくさんの星が**きらめいて**いました。

　밤하늘에는 수많은 별들이 반짝거리고 있었습니다.

ひらめく: 번뜩이다, 번쩍이다

・新しいアイデアが**ひらめく**とすぐにメモします。

　새로운 아이디어가 번뜩이면(떠오르면) 바로 메모합니다.

うごめく: 꿈틀거리다

・落ちた食べ物に小さな虫が集まって**うごめいて**いる。

　떨어진 음식에 작은 벌레들이 모여 꿈틀거리고 있다.

ひしめく: 북적거리다, 삐거덕거리다

・朝のプラットホームには通勤客が**ひしめいて**いた。

　아침의 플랫폼에는 출퇴근 승객이 북적거렸다. (붐볐다.)

084

もさることながら

~도 그렇지만, ~도 있지만, ~도 물론이지만

'어떤 사람이나 사물에는 이런 면이 있지만 또 다른 면도 있다'는 것을 나타낼 때 사용한다. 동사, 형용사는「〜の ~것」를 붙여 명사화해서 활용한다.

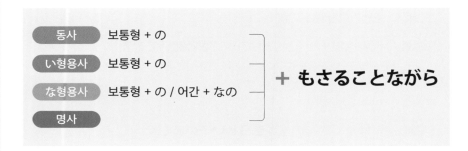

동사	보통형 + の	
い형용사	보통형 + の	+ もさることながら
な형용사	보통형 + の / 어간 + なの	
명사		

・時間を守らなかったのもさることながら連絡をしなかったために皆が心配した。

시간을 지키지 않았던 것도 있지만 연락을 주지 않기 때문에 모두가 걱정했다.

・大都市は空気が悪いのもさることながら緑が少ないのも大きな課題だ。　대도시는 공기가 나쁜 것도 그렇지만 초목이 적은 것도 큰 과제이다.

・その旅館は清潔なのもさることながら何より料理が素晴らしい。

그 여관은 청결한 것은 물론이고 무엇보다 요리가 훌륭하다.

・駅前にできたスーパーは値段もさることながら品数が多いのも魅力だ。　역 앞에 생긴 슈퍼는 가격도 물론이지만 상품 수가 많은 것도 매력이다.

～はもちろんだが

「～もさることながら」가 딱딱한 문장체이기 때문에 회화에서는 「～はもちろんだが ~는 물론이지만, ~는 물론이고」를 쓰는 경우가 많다.

・夏、暑いのはもちろんだが湿度が高くて過ごしにくい。

여름에 더운 것은 물론이지만 습도가 높아서 지내기 힘들다.

・私の会社は交通費はもちろんだが昼食代まで支給してくれる。

우리 회사는 교통비는 물론이고 점심값까지 지급해 준다.

・日本語学校では会話や文法はもちろんだが時々街に出て「現場の言葉」
も学ぶ。

일본어 학원에서는 회화나 문법은 물론이고 가끔 거리에 나가서 '현장의 말'도 배운다.

・裁判は手続きが複雑なのはもちろんだが専門用語が多くて分かりにくい。

재판은 절차가 복잡한 것은 물론이지만 전문 용어가 많아서 이해하기 어렵다.

・合格が決まって本人はもちろんだが担任の先生がとても喜んでくれた。

합격이 결정돼서 본인은 물론이지만 담임 선생님이 매우 좋아해 주셨다.

やいなや

~하자마자

어떤 행동이나 상황이 일어난 순간이나 직후에 다른 행동이나 상황이 일어날 때 쓰는 말이다. 뒤에는 명령, 지시, 권유, 의지 등의 내용은 오지 않고 부정문도 오지 않는다. 「否や」를 생략하고 「や」만 쓰는 경우도 있다.

동사 기본형 **＋ や否^{いな}や**

- 先生^{せんせい}は教室^{きょうしつ}に入^{はい}るや否^{いな}や、「今日^{きょう}の授業^{じゅぎょう}は自習^{じしゅう}にします」と言^いって出^でていった。
  선생님은 교실에 들어서자마자 '오늘 수업은 자습으로 하겠습니다'라고 말하고 나갔다.

- そのニュースが伝^{つた}えられるや否^{いな}や、皆^{みんな}がスマホを見始^{みはじ}めた。
  그 뉴스가 전해지자마자 모두가 스마트폰을 보기 시작했다.

- 警察^{けいさつ}の調^{しら}べを受^うけた人^{ひと}が出^でてくるや否^{いな}や、一斉^{いっせい}にカメラのフラッシュが光^{ひか}った。
  경찰 조사를 받은 사람이 나오자마자 일제히 카메라 플래시가 터졌다.

- 信号^{しんごう}が青^{あお}に変^かわるや否^{いな}や、待^まっていた車^{くるま}が競争^{きょうそう}するように走^{はし}り出^だした。
  신호등이 파란불로 바뀌자마자 기다리고 있던 차들이 경쟁하듯이 달리기 시작했다.

- テーブルにコーヒーをこぼすや、店^{みせ}の人^{ひと}が駆^かけつけて大丈夫^{だいじょうぶ}かと聞^きいた。 테이블에 커피를 쏟자마자 가게 사람이 달려와 괜찮냐고 물었다.

어떤 일이나 동작이 일어나자마자 곧바로 다음 동작이 일어남을 나타내는 표현은 다양하다. 「~たとたんに (N3-033 참고)」, 「~かと思うと (N2-012 참고)」, 「~なり (N1-055 참고)」, 「~か~ないかのうちに」, 「~が早いか」 등 여러 가지가 있는데, 이 중 「~か~ないかのうちに ~하자마자, 채 ~되기도 전에」, 「~が早いか ~하자마자, ~함과 동시에」의 예문을 살펴보자.

- アラームが鳴るか鳴らないかのうちにベッドから飛び起きて顔を洗った。
  알람이 울리자마자(울리기도 전에) 침대에서 벌떡 일어나 얼굴을 씻었다.

- ドラマが終わるか終わらないかのうちに次の回の予告編を見ようとする。
  드라마가 끝나자마자(다 끝나기도 전에) 다음 회 예고편을 보려고 한다.

- ボールがゴールに入るか入らないかのうちに得点がカウントされてしまった。 볼이 골에 들어가자마자(채 들어가기도 전에) 득점이 카운트되어 버렸다.

- お湯が沸くか沸かないかのうちに火を止めたから少し生ぬるくなった。
  물이 끓자마자(채 끓기도 전에) 불을 껐기 때문에 좀 미지근해졌다.

- 12月になるが早いか町にはクリスマスの飾りや音楽が流れ始めました。
  12월이 되자마자 동네에는 크리스마스 장식과 음악이 흐르기 시작했습니다.

- 子供は運動服に着替えるが早いか外に出てサッカーの練習に加わった。
  아이는 운동복(체육복)으로 갈아입자마자 밖에 나가서 축구 연습에 참가했다.

- 彼は年賀状を書き終えるが早いか郵便局に持って行った。
  그는 연하장을 다 쓰자마자 우체국에 가져갔다.

- 飛行機の予約を済ませるが早いかホテルからレンタカーの手配まで一日で完了した。
  비행기 예약을 마치자마자 호텔부터 렌터카 준비까지 하루 만에 완료했다.

やら

~는지 ~인지

어떤 판단을 내리는 데 있어 고민 중이거나 알 수 없는 경우에 쓴다. 다소 예스러운 표현이기 때문에 회화에서는 「か」를 쓰는 경우가 많다.

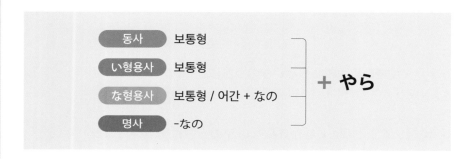

동사	보통형	
い형용사	보통형	**+ やら**
な형용사	보통형 / 어간 + なの	
명사	-なの	

・一人でどうやって生活していくやら親としては心配でしかたがない。
혼자서 어떻게 생활해 갈지 부모로서는 걱정돼서 견딜 수가 없다.

・昨日別れてからずっと連絡が取れないが今頃どこにいるやら…。
어제 헤어지고 나서 계속 연락이 되지 않는데 지금쯤 어디에 있는지….

・受賞の気持ちは嬉しいやら驚いたやら自分でも分からない。
수상의 기분은 기쁜 건지 놀란 건지 자신도 잘 모르겠다.

・学生たちは数学や英語が苦手なのやらいつも平均点が悪い。
학생들은 수학이나 영어가 서투른 건지 늘 평균 점수가 나쁘다.

・病気が深刻だったのやら3日前に入院して手術を受けるそうです。
병이 심각했는지 3일 전에 입원하고 수술을 받는다고 합니다.

・証拠や証言はたくさんあるのに誰が犯人なのやらまだ分からない。
증거와 증언은 많이 있는데 누가 범인인지 아직 모른다.

의문사와 결합해 관용구처럼 쓰는 표현이 있다.

- 誰_{だれ}が誰_{だれ}やら 누가 누구인지

- どれがどれやら 어느 게 어느 건지

- いつのことやら 언제가 될지

- 何_{なに}が何_{なに}やら 뭐가 뭔지

- どこがどこやら 어디가 어딘지

- 寒_{さむ}い日_ひは帽子_{ぼうし}にマフラー、マスクまでして誰_{だれ}が誰_{だれ}やら分_わからない。
  추운 날에는 모자에 목도리, 마스크까지 해서 누가 누군지 알 수 없다.

- このドラマは設定_{せってい}が複雑_{ふくざつ}で何_{なに}が何_{なに}やら全然_{ぜんぜん}分_わかりません。
  이 드라마는 설정이 복잡해서 뭐가 뭔지 전혀 알 수 없습니다.

- ゴミの分別_{ぶんべつ}はややこしくどれがどれやら分_わからなくて困_{こま}ることがよく

  ある。 쓰레기 분리수거는 번거로워서 어느 게 어느 건지 몰라 난처할 때가 종종 있다.

- 東京駅_{とうきょうえき}の地下_{ちか}は迷路_{めいろ}みたいでどこがどこやら分_わからず案内所_{あんないじょ}で聞_きき

  ました。 도쿄역 지하는 미로 같아서 어디가 어딘지 몰라서 안내소에 물었습니다.

- 最近_{さいきん}は郵便事情_{ゆうびんじじょう}が悪_{わる}くエアメールが届_{とど}くのはいつのことやら職員_{しょくいん}も
  分_わかりません。
  요즘은 우편 사정이 좋지 않아서 항공 우편이 도착하는 것은 언제가 될지 직원도 모릅니다.

ゆえ(に)

~때문에, ~까닭에

'~의 이유로, ~가 원인으로'라는 의미로, 예스러운 문장체 표현이다.

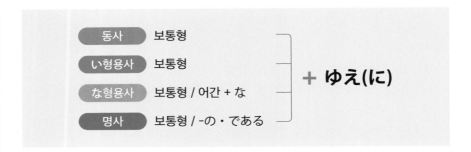

동사	보통형	
い형용사	보통형	
な형용사	보통형 / 어간 + な	**+ ゆえ(に)**
명사	보통형 / -の・である	

- あの人は内部の不正を告発したゆえに退職させられたそうだ。
  저 사람은 내부 비리를 고발했기 때문에 퇴직을 당했다고 한다.

- 忙しいゆえに会議を欠席するというのは理由にならない。
  바쁘기 때문에 회의를 결석한다는 것은 이유가 되지 않는다.

- 家が貧しかったゆえに人より努力して成功することができた。
  집이 가난했기 때문에 남들보다 노력해서 성공할 수 있었다.

- 気候が温暖で快適なゆえにこの地方に住みたいと思う人が多い。
  기후가 온난하고 쾌적하기 때문에 이 지방에 살고 싶어 하는 사람이 많다.

- 円安のゆえに海外から日本に来る観光客が大幅に増えています。
  엔저(엔화 약세) 때문에 해외에서 일본으로 오는 관광객이 대폭 늘고 있습니다.

～ゆえに VS ～からこそ

「～ゆえに」는 회화에서는 거의 쓰지 않지만 「～からこそ ~이기 때문에」는 회화에서도
자주 쓴다. 그러나 부정적인 내용에 대해서는 별로 사용하지 않는다.

- ひどい暑さゆえに病気で倒れる人が続出している。(✗暑さだからこそ)
  심한 더위 때문에 병으로 쓰러지는 사람이 속출하고 있다.

- ノートを忘れたゆえに授業でメモができなかった。(✗忘れたからこそ)
  공책을 잊었기(집에 두고 왔기) 때문에 수업 시간에 메모를 할 수 없었다.

- 時間が十分にあったからこそ最後の問題まで解いた。
  시간이 충분히 있었기 때문에 마지막 문제까지 풀었다.

- 納豆は栄養より、おいしいからこそ毎日食べている。
  낫토는 영양보다 맛있기 때문에 매일 먹고 있다.

- 旅行の間ずっと天気がよかったからこそいい思い出になった。
  여행하는 동안 내내 날씨가 좋았기 때문에 좋은 추억이 되었다.

- 老後も健康であるからこそ意味のある時間が過ごせる。
  노후에도 건강해야 의미 있는 시간을 보낼 수 있다.

- 今度のプロジェクトは彼だからこそ成功できた。
  이번 프로젝트는 그였기에 성공할 수 있었다.

ようが

~든지, ~든지 말든지, ~라고 해도

'~을 하더라도 그와 상관없이'라는 의미로 뒤에는 '영향받지 않는다, 실행한다'는 내용이
온다.

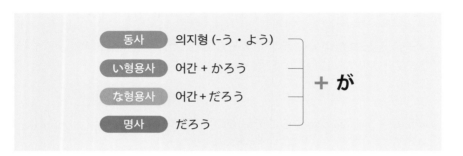

- 明日雨が降ろうが旅行には予定通り出発します。
  내일 비가 오든 안 오든 여행은 예정대로 출발하겠습니다.

- 早く来ようが遅れて来ようが入場料は同じだ。
  일찍 오든 늦게 오든 입장료는 똑같다.

- 成績がよかろうが悪かろうが卒業するのには問題がない。
  성적이 좋든 나쁘든 졸업하는 데에는 문제가 없다.

- たとえ作品が傑作だろうが鑑賞する人がそう思わなければそれま
  でだ。
  설령 작품이 걸작이든 아니든 감상하는 사람이 그렇게 생각하지 않는다면 그만이다.

- あの人は気になることがあったら夜中だろうが構わず電話してくる。
  그 사람은 마음에 걸리는 일이 있으면 밤중이든 아니든 상관없이 전화해 온다.

~ようが ~ようが vs ~ようが ~まいが

「동사 + ようが、동사 + ようが ~하든 ~하든」는 정반대 또는 유사한 상황을 반복하여 '무슨 일을 하더라도, 어떤 일이 일어나더라도'라는 의미를 나타낸다. 「동사 + ようが、동사 + まいが ~하든 말든, ~하든 ~하지 않든」는 동일한 동사의 긍정형과 부정형을 써서 '어떤 행동을 하더라도'라는 의미를 나타낸다.

· ワインを飲もうがビールを飲もうがすぐ顔が赤くなる。

  와인을 마시든 맥주를 마시든 금방 얼굴이 빨개진다.

· 通勤しようが遊びに行こうがいつも自転車を利用しています。

  출퇴근하든 놀러 가든 항상 자전거를 이용하고 있습니다.

· 10時に寝ようが1時過ぎに寝ようがどうせ私が起こすまでは起きない

  でしょう。

  10시에 자든 1시 넘어서 자든 어차피 제가 깨울 때까지는 일어나지 않을 거예요.

· 紹介はするが会おうが会うまいがそれは自分で判断してほしい。

  소개는 하지만 만나든 말든 그건 스스로 판단해 주길 바래.

· 予約をしようがするまいが支払いは後払いになります。

  예약을 하든 말든 지불은(결제는) 후불이 됩니다.

· 手術をしようがしまいが家族の同意を得てから決めます。

  수술을 하든 안 하든 가족의 동의를 얻은 후에 결정합니다.

「する」の場合「しようがするまいが」、「しようがしまいが」、「しようがすまいが」모두 쓸 수 있다.

ようと(も)

~하더라도

'~하더라도 그와 상관없이'라는 의미로, 문장체 표현이기 때문에 회화에서는 「～ても」, 「～でも」 등을 많이 사용한다.

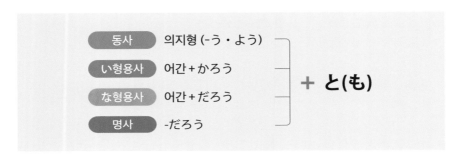

동사	의지형 (-う・よう)	
い형용사	어간 + かろう	+ と(も)
な형용사	어간 + だろう	
명사	-だろう	

・どんなに止めようとあの人は一度やろうと思えば最後までやる。
  아무리 말려도 저 사람은 한번 하려고 생각하면 끝까지 한다.

・いくら苦しかろうとあきらめずに登り続ければ最高の景色を見る
  ことができる。
  아무리 힘들어도 포기하지 않고 계속 올라가면 최고의 경치를 볼 수 있다.

・仕事は単純な作業で退屈だろうと給与がいいのでなかなか辞めら
  れない。
  일은 단순한 작업이라 지루하기는 해도 급여가 좋기 때문에 좀처럼 그만둘 수 없다.

・たとえ夫婦だろうとお互いのプライバシーは尊重しなければなら
  ない。 설령 부부라 할지라도 서로의 사생활은 존중해야 한다.

～ようと(も) vs ～ようが

의미는 거의 동일하지만 「～ようが」쪽이 좀 더 말하는 사람의 강한 의지와 주장을 느낄 수 있다.

・いくら上手に歌おうともやはりプロの歌手とは全然違うことが分かる。

　아무리 노래를 잘 부르더라도 역시 프로 가수와는 전혀 다르다는 것을 알 수 있다.

・動物がどんなに賢かろうとも限界があるのは仕方ないだろう。

　동물이 아무리 똑똑하다고 해도 한계가 있는 것은 어쩔 수 없을 것이다.

・最近になって火山の活動が活発だろうと今すぐ噴火する恐れはない。

　최근 들어 화산 활동이 활발하다고 해도 지금 당장 분화할 우려는 없다.

・雨だろうと風だろうとこのコートは防水加工がしてあって濡れない。

　비든 바람이든 이 코트는 방수 가공되어 있어 젖지 않는다.

・私が誰と結婚しようがあなたには関係ないでしょ。

　내가 누구와 결혼하든 당신과는 상관없잖아요.

・どこに行こうが私の勝手です。

　어디로 가든 내 마음입니다.

・上りは苦しかろうが下りは軽い足取りで降りて来られるだろう。

　오르막길은 힘들어도 내리막길은 가벼운 발걸음으로 내려올 수 있을 것이다.

・気持ちはいつまでも元気だろうが体が言うことを聞かない。

　마음은 언제까지나 건강하다고 해도 몸이 말을 듣지 않는다.

・それが辛いことであろうが一緒に乗り越えていこう。

　그것이 괴로운 일일지라도 함께 헤쳐 나가자.

ようにも 〜ない

~하려고 해도 ~못한다

'어떤 일을 하려고 해도 그것을 방해하는(못하게 하는) 사정이 생겨 불가능하다'라는 의미이다.

동사 의지형 (-う・よう) **+ にも 〜ない**

- 冷蔵庫の中は食べ物がいっぱいでそれ以上入れようにも入れられない。 냉장고 안에는 먹을 것이 가득해서 더 이상 넣으려고 해도 넣을 수 없다.

- 今度のことは自分のミスで起きたことだから誰かを恨もうにも恨めません。
  이번 일은 제 실수로 일어난 것이기 때문에 누군가를 원망하려 해도 원망할 수 없습니다.

- 預ける荷物が10キロを超えたが必要なものばかりで減らそうにも減らせなかった。
  맡길 짐이 10kg를 넘었지만 필요한 것뿐이라 줄이려고 해도 줄일 수 없었다.

- 10時に会う約束をしたが事故で電車が遅れて約束を守ろうにも守れないと伝えた。
  10시에 만날 약속을 했지만 사고로 전철이 지연돼 약속을 못 지킬 것 같다고 전했다.

- 狭い道路に駐車している車のせいで消防車が現場に近づこうにも近づけなかった。
  좁은 도로에 주차된 차들 때문에 소방차가 현장에 접근하려고 해도 접근하지 못했다.

앞뒤에 같은 동사를 반복하는 패턴과 뒤에 오는 동사를 다른 것으로 바꾸는 패턴이 있다. 또한「する」동사의 경우 뒤에「できない」로 대체하기도 한다.

● 같은 동사를 반복하는 패턴

・友^{ともだち}達は留^{りゅうがく}学してしまったから会^あおうとしても会^あえない。

・友達は留学してしまったから会おうとしても会えない。

친구는 유학을 가 버렸기 때문에 만나려고 해도 만날 수 없다.

・停^{ていでん}電になったのか電^{でんき}気をつけようとしてもつかなかった。

정전이 되었는지 불을 켜려고 해도 켜지지 않았다.

● 뒤에 오는 동사를 다른 것으로 바꾸는 패턴

・写^{しゃしん}真を撮^とろうにもバッテリーが切^きれてしまった。

사진을 찍으려고 해도 베터리가 나가 버렸다.

・歩^{ある}き続^{つづ}けて疲^{つか}れたが休^{やす}もうにも適^{てきとう}当な場^{ばしょ}所がない。

계속 걸어서 지쳤지만 쉬려고 해도 적당한(마땅한) 장소가 없다.

●「できない」로 바꾸는 패턴

・年^{ねんまつねんし}末年始は旅^{りょこう}行シーズンでホテルを予^{よやく}約しようにもなかなかできない。

연말연시는 여행 시즌이라 호텔을 예약하려고 해도 좀처럼 할 수 없다.

・言^{ことば}葉が違^{ちが}えばお互^{たが}いを理^{りかい}解しようにもできないことがある。

언어가 다르면 서로 이해하려고 해도 할 수 없는 경우가 있다.

をおいて

~을 제외하고, ~가 아니면

'~이외에'라는 의미로 뒤에는 뒤에는 「他にない 달리(따로) 없다」, 「誰もいない 아무도 없다」 등이 오는 경우가 많다. 즉 '그것밖에 없다', '그것이 최상이다'라고 높이 평가할 때 주로 사용한다.

명사 + をおいて

- この仕事を完成できるのは30年の経験を持つあの人をおいて他にはいない。 이 일을 완성할 수 있는 것은 30년의 경험을 가진 그 사람 말고는 없다.

- そのテーマについて研究するなら高田先生をおいて他に指導できる先生はいない。
  그 주제에 대해 연구한다면 다카다 선생님 외에는 달리 지도할 수 있는 선생님은 없다.

- 来年になると大幅に値上がりする予定だし買うなら今をおいてありません。 내년이 되면 대폭 인상될 예정이니 구매한다면 지금 외에는 없습니다.

- 内部の不正行為を調査するとすれば第三者委員会のような機関をおいては他にない。
  내부의 부정 행위를 조사한다면 제3자 위원회와 같은 기관 외에는 없다.

- 冬の味覚を代表するものといえばカキ鍋をおいて他にはないと思う。
  겨울의 미각을 대표하는 것이라면 굴전골 외에는 없다고 생각한다.

何をおいても

「何をおいても」는「～をおいても」가 들어간 관용 표현으로, '어떠한 상황이더라도', '만사 제쳐 두고, 무엇보다도'라는 의미이다.

· 困った時は連絡してくれれば何をおいても駆けつける。

곤란할 때는 연락해 주면 만사 제쳐 두고 달려간다. (달려가겠다.)

· 健康のためには何をおいても規則的な生活をしなければなりません。

건강을 위해서는 무엇보다도 규칙적인 생활을 해야 합니다.

· ダンスをする時には何をおいてもリズム感を鍛えることが大事です。

댄스를 할 경우에는 무엇보다도 리듬감을 단련하는 것이 중요합니다.

· 事故の原因を調査するのには何をおいてもブラックボックスの回収
が必要だ。

사고 원인을 조사하는 데에는 다른 것은 제쳐 두고서라도 블랙박스의 회수가 필요하다.

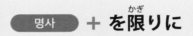

をかぎりに

~을 끝으로, ~을 마지막으로

'지금까지 계속된 것이 여기서 제시하는 기한을 마지막으로 끝난다'는 의미를 나타낸다.

명사 + を限_{かぎ}りに

- 今日_{きょう}を限_{かぎ}りにこのサイトは閉鎖_{へいさ}することにしました。
  오늘을 끝으로 이 사이트는 폐쇄하기로 했습니다.

- 本日_{ほんじつ}を限_{かぎ}りに入会金_{にゅうかいきん}無料_{むりょう}キャンペーンを終_おわらせていただきます。
  오늘을 끝으로 입회금 무료 캠페인을 종료하겠습니다.

- 5月末_{がつまつ}を限_{かぎ}りにスーパーの営業_{えいぎょう}を休止_{きゅうし}して改築工事_{かいちくこうじ}に入_{はい}ります。
  5월 말을 끝으로 슈퍼마켓 영업을 중지하고 개축 공사에 들어갑니다.

- あの選手_{せんしゅ}は今_{こん}シーズンを限_{かぎ}りに引退_{いんたい}すると発表_{はっぴょう}した。
  저(그) 선수는 이번 시즌을 끝으로 은퇴한다고 발표했다.

- この試合_{しあい}を限_{かぎ}りに日本_{にほん}での選手生活_{せんしゅせいかつ}を終_おえてアメリカに渡_{わた}る予定_{よてい}だ。
  이 시합을 끝으로 일본에서의 선수 생활을 마치고 미국으로 건너갈 예정이다.

- そのグループは来年_{らいねん}の東京_{とうきょう}ドーム公演_{こうえん}を限_{かぎ}りに音楽活動_{おんがくかつどう}は休止_{きゅうし}すると伝_{つた}えられた。
  그 그룹은 내년 도쿄돔 공연을 끝으로 음악 활동은 중단한다고 전해졌다.

● 「〜を限^{かぎ}りに」는 먼 옛날이나 먼 미래의 기한에 사용되는 표현이 아니라 비교적 가까운 시일에 대해 사용된다.

✕ 16世紀^{せいき}を限^{かぎ}りにそれまでの土地制度^{とちせいど}が廃止^{はいし}された。

→ 16世紀^{せいき}を最後^{さいご}にそれまでの土地制度^{とちせいど}が廃止^{はいし}された。

16세기를 끝으로 그때까지의 토지 제도가 폐지되었다.

✕ 100年後^{ねんご}を限^{かぎ}りに化石燃料^{かせきねんりょう}の時代^{じだい}は終^おわるだろう。

→ 100年後^{ねんご}までには化石燃料^{かせきねんりょう}の時代^{じだい}は終^おわるだろう。

100년 후에는 화석 연료의 시대는 끝날 것이다.

● 「限^{かぎ}り(に)」가 포함된 관용 표현

・私^{わたし}たちは声^{こえ}を限^{かぎ}りに(声^{こえ}の限^{かぎ}りに)そのチームを応援^{おうえん}した。

우리는 목청껏 그 팀을 응원했다.

・本社^{ほんしゃ}は力^{ちから}の限^{かぎ}り各^{かく}チェーン店^{てん}の経営^{けいえい}を応援^{おうえん}します。

본사는 힘껏 각 체인점의 경영을 응원합니다.

・親^{おや}としては子供^{こども}たちの未来^{みらい}を命^{いのち}の限^{かぎ}り守^{まも}っていきたいと思^{おも}います。

부모로서는 자녀들의 미래를 목숨이 다할 때까지 지켜 나가려고 합니다.

をかわきりに(して)

~을 시작으로 (해서), ~을 필두로 (해서)

'그것을 출발점(기점)으로 하여'라는 의미로, 뒤에는 활동이 왕성해지거나 발전하는 모습 등의 내용이 이어진다.

명사 ＋ **を皮切(かわき)りに(して)**

- 映画は25日の公開を皮切りに全国100か所以上の映画館で上映される。 영화는 25일 개봉을 시작으로 전국 100개 이상의 영화관에서 상영된다.

- 選挙戦はそれぞれの候補がゆかりの地での立候補の挨拶を皮切りに始まった。
선거전은 각각의 후보가 연고지에서의 입후보 인사를 시작으로 시작되었다.

- 会議室は最初緊張した雰囲気だったが彼の発言を皮切りに活発な意見が交わされた。
회의실은 처음에 긴장된 분위기였지만 그의 발언을 시작으로 활발한 의견이 오갔다.

- 犯人はこの事件が初めてではなくこれを皮切りに多くの事件が明るみに出た。
범인은 이 사건이 처음이 아니라 이것을 시작으로 많은 사건이 드러났다.

- 彼は地方大会での優勝を皮切りに全国大会、国際大会などで多くの栄誉を抱いた。
그는 지방 대회에서의 우승을 시작으로 전국 대회, 국제 대회 등에서 많은 영예를 안았다.

~を皮切りに(して) VS ~をはじめ(として)

「~を皮切(かわき)りに(して) ~을 시작으로 (해서)」가 어떤 행동의 시작(기점)을 말하는 표현이라면「~をはじめ(として) ~을 비롯(해서)」는 가장 대표적인 것을 예로 들 때 쓰는 표현이다.

· カニのフルコースは、カニ刺身(さしみ)を皮切(かわき)りに焼(や)きガニ、カニみそ、カニ鍋(なべ)と続(つづ)いた。 게 풀코스는 게회를 시작으로 구운 게, 게 내장, 꽃게탕으로 이어졌다.

· 子供(こども)の頃(ころ)から病気(びょうき)がちの彼(かれ)は目(め)の病気(びょうき)を皮切(かわき)りにかからない病気(びょうき)がなかった。 어릴 적부터 병이 잦았던 그는 눈병을 시작으로 걸리지 않는 병이 없었다.

· 日本(にほん)の祝日(しゅくじつ)は正月(しょうがつ)の連休(れんきゅう)を皮切(かわき)りに成人(せいじん)の日(ひ)、建国記念(けんこくきねん)の日(ひ)と続(つづ)き年間(ねんかん)16日(にち)ある。
일본의 공휴일은 설 연휴를 시작으로 성인의 날, 건국 기념일로 이어지며 연간 16일 된다.

· 家族(かぞく)をはじめとして私(わたし)の演技(えんぎ)を支(ささ)えてくれた多(おお)くの皆(みな)さんに受賞(じゅしょう)の喜(よろこ)びを伝(つた)えたいです。
가족을 비롯해 제 연기를 지지(응원)해 주신 많은 분들께 수상의 기쁨을 전하고 싶습니다.

· 今日(きょう)の企業説明会(きぎょうせつめいかい)には日本(にほん)を代表(だいひょう)する銀行(ぎんこう)をはじめとして有数(ゆうすう)の企業(ぎょう)が参加(さんか)した。
오늘 기업 설명회에는 일본을 대표하는 은행을 비롯하여 유수의 기업이 참가했다.

· この外国語学校(がいこくごがっこう)は学(まな)べる言葉(ことば)の種類(しゅるい)が多(おお)く中国語(ちゅうごくご)を始(はじ)めアジアの言葉(こと)だけで15もある。
이 외국어 학원은 배울 수 있는 언어의 종류가 많아 중국어를 비롯해 아시아 언어만 15개나 된다.

をきんじえない

~을 참을 수 없다, ~을 금할 길이 없다

어떤 상황에 대하여 생기는 감정이나 기분을 억제할 수 없을 경우에 쓰는 표현이다. '분노, 슬픔, 동정' 등의 단어와 쓰이는 경우가 많다.

명사 + **を禁じ得ない**

- まだ<ruby>幼<rt>おさな</rt></ruby>い<ruby>子供<rt>こども</rt></ruby>が<ruby>交通事故<rt>こうつうじこ</rt></ruby>で<ruby>両親<rt>りょうしん</rt></ruby>を<ruby>亡<rt>な</rt></ruby>くしたという<ruby>悲劇<rt>ひげき</rt></ruby>に<ruby>同情<rt>どうじょう</rt></ruby>を<ruby>禁<rt>きん</rt></ruby>じ<ruby>得<rt>え</rt></ruby>なかった。

  아직 어린아이가 교통사고로 부모를 잃었다고 하는 비극에 동정을 금할 수 없었다.

- あまり<ruby>親<rt>した</rt></ruby>しくない<ruby>同級生<rt>どうきゅうせい</rt></ruby>から<ruby>映画<rt>えいが</rt></ruby>を<ruby>見<rt>み</rt></ruby>に<ruby>行<rt>い</rt></ruby>こうと<ruby>誘<rt>さそ</rt></ruby>われ<ruby>戸惑<rt>とまど</rt></ruby>いを<ruby>禁<rt>きん</rt></ruby>じえなかった。

  별로 친하지 않은 동창생이 영화를 보러 가자고 해서 당황스러움을 금할 수 없었다.

- <ruby>自分<rt>じぶん</rt></ruby>の<ruby>払<rt>はら</rt></ruby>う<ruby>税金<rt>ぜいきん</rt></ruby>が<ruby>無断<rt>むだん</rt></ruby>で<ruby>選挙資金<rt>せんきょしきん</rt></ruby>に<ruby>使<rt>つか</rt></ruby>われたという<ruby>知<rt>し</rt></ruby>らせに<ruby>怒<rt>いか</rt></ruby>りを<ruby>禁<rt>きん</rt></ruby>じえない。

  내가 내는 세금이 무단으로 선거 자금으로 쓰였다는 소식에 분노를 금할 수 없다.

- <ruby>静<rt>しず</rt></ruby>かな<ruby>場所<rt>ばしょ</rt></ruby>であたりかまわず<ruby>大声<rt>おおごえ</rt></ruby>で<ruby>話<rt>はな</rt></ruby>す<ruby>無神経<rt>むしんけい</rt></ruby>な<ruby>人<rt>ひと</rt></ruby>を<ruby>見<rt>み</rt></ruby>ると<ruby>苛立<rt>いらだ</rt></ruby>ちを<ruby>禁<rt>きん</rt></ruby>じえない。 조용한 장소에서 아랑곳하지 않고 큰 소리로 말하는 무신경한 사람을 보면 짜증을 금할 수 없다.

- <ruby>親<rt>おや</rt></ruby>の<ruby>財産<rt>ざいさん</rt></ruby>を<ruby>分<rt>わ</rt></ruby>けられ<ruby>不自由<rt>ふじゆう</rt></ruby>のない<ruby>生活<rt>せいかつ</rt></ruby>をしている<ruby>人<rt>ひと</rt></ruby>を<ruby>見<rt>み</rt></ruby>ると<ruby>羨<rt>うらや</rt></ruby>ましさを<ruby>禁<rt>きん</rt></ruby>じえない。

  부모의 재산을 나눠 받아 불편함 없는 생활을 하는 사람을 보면 부러움을 금할 수 없다.

「～を禁じ得ない」는 긍정적인 내용에도 사용한다.

・ 留学生が日本人にも難関の試験に合格したというニュースに驚きを
禁じ得なかった。

유학생이 일본인에게도 어려운 시험에 합격했다는 뉴스에 놀라움을 금치 못했다.

・ 仲の良かった友達の結婚式の招待状をもらった時、喜びを禁じ得ず
涙が溢れた。

사이가 좋았던 친구의 결혼식 청첩장을 받았을 때 기쁨을 참을 수 없어 눈물이 넘쳐흘렀다.

・ 感動的なドラマは何度も再生して見るが、その度に涙を禁じえない。

감동적인 드라마는 몇 번이나 재생해서 보지만 그때마다 눈물을 금할 수 없다.

・ 事故の危険から子供たちを救ってくれた青年に感謝の念を禁じえない。

사고의 위험에서 아이들을 구해준 청년에게 감사의 마음을 금할 수 없다.

・ 最終回に試合を逆転した彼のホームランには興奮を禁じえなかった。

마지막 회에 시합을 역전한 그의 홈런에는 흥분을 금치 못했다.

をふまえ(て)

~을 바탕으로, ~을 토대로, ~을 전제로

'어떤 상황을 전제로 하거나 판단의 근거로 삼아'라는 의미로, 딱딱한 표현이기 때문에 회의 등에서 사용되는 경우가 많다. 동사와 형용사의 경우 '~것'이라는 의미의「〜こと」,「〜の」를 붙여서 활용하면 된다.

명사 + を踏^ふまえ(て)

・調査の結果を踏まえて来年度の生産計画を立てる予定です。
　조사 결과를 바탕으로 내년도 생산 계획을 세울 예정입니다.

・事故の原因を踏まえて二度とこのようなことが起きないように対策を考える。
　사고 원인을 바탕으로 두 번 다시 이런 일이 일어나지 않도록 대책을 생각한다.

・お客さんの意見を踏まえて新しいメニューを考えているところだ。
　고객의 의견을 토대로 새로운 메뉴를 생각하고 있는 중이다.

・今年の予算を踏まえて事業の規模と内容を決める会議を行う。
　올해의 예산을 토대로 사업의 규모와 내용을 정하는 회의를 실시한다.

・昨年の販売実績より少なかったのを踏まえて新しい戦略を考えよう。
　작년의 판매 실적보다 적었던 것을 근거로 새로운 전략을 생각해 보자.

・今度の計画は否定的な意見が多かったことを踏まえて再検討することになった。
　이번 계획은 부정적인 의견이 많았던 것을 토대로 재검토하게 되었다.

「踏まえる」는 '근거하다, 고려하다'라는 의미를 가진 동사인데,「～を踏まえて」를 대체해서 쓸 수 있는 표현 몇 가지를 살펴보자.

● ～を考慮して: ~을 고려하여

・今までの経歴を考慮して部署の配置を決める。
　지금까지의 경력을 고려하여 부서 배치를 정한다.

● ～に基づいて: ~에 의거하여, ~을 근거로 하여

・昨年の統計に基づいて今年の動向を推定する。
　작년의 통계에 근거하여 올해의 동향을 추정한다.

● ～を参考にして: ~을 참고로 하여

・アンケートの結果を参考にして雑誌のテーマを考える。
　설문 조사 결과를 참고하여 잡지의 테마를 생각한다.

● ～を前提として: ~을 전제로 하여

・気象条件が今年と大きく変わらないことを前提として天候を予測する。
　기상 조건이 올해와 크게 다르지 않은 것을 전제로 하여 날씨를 예측한다.

をもって

~으로, ~을 통해 [수단] / ~부로, ~로 [기한 · 한정]

'~을 가지고'라고 하는 '수단'의 의미와 '~로써, ~을 끝으로'라고 하는 '기한, 한정' 등의 의미가 있는 표현이다.

명사 **+ をもって**

수단

- この困難にあたって皆が力を合わせ忍耐をもって克服しようとしました。 이 어려움을 앞두고 모두가 힘을 합해 인내심을 가지고 극복하고자 했습니다.

- アルバイト応募の結果は1週間以内にメールをもってお知らせします。 아르바이트 응모(지원) 결과는 1주일 이내에 메일로 알려 드리겠습니다.

- 当選者多数のため発表は賞品の発送をもって代えさせていただきます。 당첨자가 다수이기 때문에 발표는 상품 발송으로 대신하겠습니다.

- 現在、最新の研究成果をもってこの現象の解明に努めている。 현재 최신의 연구 성과를 가지고 이 현상의 해명에 힘쓰고 있다.

- 大規模災害への備えは多くの犠牲をもって得られた教訓の結果だ。 대규모 재해에 대한 대비는 많은 희생을 통해 얻어진 교훈의 결과이다.

- 日頃の実力をもって試験に臨めばそんなに心配することはない。 평소의 실력으로 시험에 임하면 그렇게 걱정할 것은 없다.

- 本日午後 6 時をもって投票の受付を終了します。

  금일(오늘) 오후 6시부로 투표 접수를 종료합니다.

- 今月末をもって前期の授業が終わり夏休みの後 9 月 1 日より後期が始まる。

  이달 말로 전기(1학기) 수업이 끝나고 여름 방학 후 9월 1일부터 후기(2학기)가 시작된다.

- 今回のコンサートをもって私たちグループは正式に解散します。

  이번 콘서트를 끝으로 우리 그룹은 정식으로 해체합니다.

- 去る 6 月 10 日をもって私たちは結婚し新居を長野に移したことをご報告します。

  지난 6월 10일부로 우리는 결혼하여 새집을 나가노로 옮겼음을 보고드립니다.

- これをもって開店記念セールを終わりといたします。

  이것으로 개점 기념 세일을 마치도록 하겠습니다.

- このデザートをもちましてコース料理のメニューは最後となります。

  이 디저트로 코스 요리의 메뉴는 마지막이 되겠습니다.

「もって」가 들어간 관용 표현

身をもって: 스스로, 몸소

- 人に頼らないで身をもって解決しようとすればきっと道は開ける
でしょう。
남에게 의지하지 않고 스스로 해결하려고 한다면 분명 길은 열릴 것입니다.

もってすれば: ~로 한다면

- 彼の力をもってすればこの程度の問題はすぐに解決できると思う。
그의 힘(능력)으로 한다면 이 정도의 문제는 금방 해결할 수 있으리라 생각한다.

もってしても: ~로도, ~로써도

- いくら経験豊かな彼をもってしてもそう簡単には終わらないだろう。
아무리 경험이 많은 그라 하더라도 그리 간단하게는 끝나지 않을 것이다.

いよいよもって: 드디어 (「いよいよ」의 강조 표현)

- いよいよもって今年もあと数日を残すだけとなりました。
드디어 올해도 앞으로 며칠 남지 않았습니다.

まことにもって: 참으로, 정말로 (「まことに」,「本当に」의 강조 표현)

- 今回の事故は私どもの落ち度から起きたことでまことにもって
遺憾の極みです。
이번 사고는 저희의 잘못으로 일어난 것이라 참으로 유감스럽습니다.

をものともせず(に)

~을 아랑곳하지 않고, ~에 굴하지 않고

'어려운 상황에도 굴하지 않고 맞서서'라는 의미를 나타낸다. 「ものともせず」는 '아무 것도 아닌 듯이'라는 의미의 관용적 표현으로, 말하는 사람 자신의 행동에는 쓰지 않는다.

명사 + をものともせず(に)

- マラソン大会の直前に負傷した選手が、痛みをものともせず出場して完走した。
  마라톤 대회 직전에 부상당한 선수가 통증에 굴하지 않고 출전해서 완주했다.

- 30歳以上歳の離れたカップルが人々の心配をものともせず結婚して話題になった。
  30세 이상 나이 차가 나는 커플이 사람들의 우려를 아랑곳하지 않고 결혼해 화제가 됐다.

- その人は社会から受ける差別をものともせず皆の応援を受け、たくましく生きている。 그 사람은 사회로부터 받는 차별에도 굴하지 않고 모두의 응원을 받으며 씩씩하게 살아가고 있다.

- 家や土地を奪われた難民たちは過酷な境遇をものともせず決して希望を捨てない。 집이나 토지를 빼앗긴 난민들은 가혹한 처지에도 아랑곳하지 않고 결코 희망을 버리지 않는다.

- 24時間レースに出場した車は砂漠の暑さをものともせず走り続けた。
  24시간 레이스에 출전한 차들은 사막의 더위에도 굴하지 않고 계속 달려갔다.

～ものともせず VS ～を顧(かえ)みず

「～をものともせず」는 곤란한 상황 속에서 어려운 일을 해내는 것을 칭찬하는 내용으로 쓰인다. 「～を顧(かえ)みず / ～も顧(かえ)みず ~를(도) 돌아보지 않고, 돌보지 않고」는 긍정적·부정적인 내용에 모두 쓰이지만, 주로 민폐가 되는 일이나 위험한 일을 무모하게 감행한다는 뉘앙스로 쓰는 경우가 많다.

- その人(ひと)は周囲(しゅうい)の反対(はんたい)をものともせず市会議員(しかいぎいん)に立候補(りっこうほ)して政治家(せいじか)になる夢(ゆめ)を追(お)った。 그 사람은 주위의 반대에도 아랑곳하지 않고 시의회 의원에 입후보하여 정치인이 되는 꿈을 쫓았다.

- 貧(まず)しい家(いえ)に生(う)まれた少女(しょうじょ)は次々(つぎつぎ)に襲(おそ)う不幸(ふこう)をものともせず人生(じんせい)を切(き)り開(ひら)いて行(い)った。 가난한 집에 태어난 소녀는 연이어 닥치는 불행에도 아랑곳하지 않고 인생을 개척해 나갔다.

- 太平洋(たいへいよう)をヨットで横断(おうだん)した青年(せいねん)は嵐(あらし)や孤独(こどく)をものともせずゴールを目指(めざ)し続(つづ)けた。 태평양을 요트로 횡단한 청년은 폭풍우나 고독에도 아랑곳하지 않고 결승점을 향해 계속 나아갔다.

- 災害(さいがい)の現場(げんば)で消防士(しょうぼうし)は危険(きけん)を顧(かえり)みず人々(ひとびと)の救助(きゅうじょ)に向(む)かった。
  재해의 현장에서 소방관들은 위험을 무릅쓰고 사람들을 구조하러 갔다.

- 周(まわ)りの迷惑(めいわく)も顧(かえり)みず電車(でんしゃ)の中(なか)で大声(おおごえ)で話(はな)す人(ひと)を時々(ときどき)見(み)かける。
  주위에 민폐를 끼치는 것도 생각하지 않고 전철 안에서 큰 소리로 이야기하는 사람을 가끔 본다.

- 彼(かれ)は医者(いしゃ)の忠告(ちゅうこく)も顧(かえり)みず酒(さけ)やタバコを止(や)めないでいる。
  그는 의사의 충고도 아랑곳하지 않고 술이나 담배를 끊지 않고 있다.

- 家庭(かてい)を顧(かえり)みないことが離婚(りこん)の原因(げんいん)になることが多(おお)い。
  가정을 돌보지 않는 것이 이혼의 원인이 되는 경우가 많다.

098

をよぎなくさせる / をよぎなくされる

어쩔 수 없이 ~하게 하다 / 어쩔 수 없이 ~하게 되다

「～を余儀^{よぎ}なくさせる」는 '강제적으로 그렇게 하게 하다, 그렇게 할 수밖에 없는 상황을 만들다'라는 의미이고「～を余儀^{よぎ}なくされる」는 '어쩔 수 없이 그렇게 할 수밖에 없는 상황이 되다'라는 의미이다.

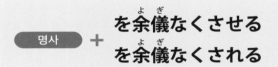

명사 + **を余儀^{よぎ}なくさせる**
を余儀^{よぎ}なくされる

よぎなくさせる

・ 景気^{けいき}の悪化^{あっか}が消費^{しょうひ}の抑制^{よくせい}を余儀^{よぎ}なくさせた。
경기 악화가 소비를 억제하지 않을 수 없게 했다.

・ 何^{なに}か言^いえば自分^{じぶん}が攻撃^{こうげき}されるという恐^{おそ}れが人々^{ひとびと}に沈黙^{ちんもく}を余儀^{よぎ}なくさせる。 뭔가 말을 하면 자신이 공격당할 것이라는 두려움이 사람들을 침묵하게 만든다.

・ 家庭^{かてい}の事情^{じじょう}が留学^{りゅうがく}への夢^{ゆめ}を諦^{あきら}めることを余儀^{よぎ}なくさせたそうだ。
가정 형편이 유학의 꿈을 포기할 수밖에 없게 만들었다고 한다.

・ 台風^{たいふう}の接近^{せっきん}による大雨^{おおあめ}が野外^{やがい}でのイベント中止^{ちゅうし}を余儀^{よぎ}なくさせた。
태풍의 접근에 따른 폭우가 야외(에서의) 이벤트를 중지하게 만들었다.

・ 時間^{じかん}が切迫^{せっぱく}していたことがタクシーで行^いくことを余儀^{よぎ}なくさせた。
시간이 촉박했던 것이 택시로 갈 수밖에 없게 만들었다.

・山田さんはスキーで骨折して1か月間入院を余儀なくされた。
やまだ씨는 스키를 타다가 골절이 되어 한달 동안 어쩔 수 없이 입원하게 되었다.

・事故の原因を追究された責任者は納得できる説明を余儀なくされ

ている。
사고 원인을 추궁받은 책임자는 납득할 수 있는 설명을 하지 않을 수 없게 되었다.

・国会議員の発言にSNSで非難が集中し、発言の取り消しを余儀な

くされた。
국회 의원의 발언에 SNS에서 비난이 집중되어 발언의 취소를 하지 않을 수 없게 되었다.

・業績回復の見通しが立たないため会社ではリストラを余儀なくさ

れた。 실적 회복의 전망이 서지 않아서 회사에서는 구조 조정을(정리 해고를) 하지 않
을 수 없게 되었다.

・生産するほど赤字になるため農家では生産物の廃棄処分を余儀な

くされた。
생산할수록 적자가 되기 때문에 농가에서는 생산물을 폐기 처분하지 않을 수 없게 되었다.

099

をよそに

~에 아랑곳하지 않고, ~과 상관없이

'마치 자신과는 관계가 없다는 듯이' 행동한다는 의미로, 주로 걱정, 바람, 기대 등의 단어와 함께 써서 '그것을 외면한 채 행동하거나 상황이 벌어지는 것을 나타낼 때 사용한다.

명사 **+** **をよそに**

- 彼は周りの人の心配をよそに就職もせずに遊んでばかりいる。
  그는 주변 사람들의 걱정에 아랑곳하지 않고 취직도 하지 않고 놀기만 하고 있다.

- 市は市民の反対の声をよそに小学校の跡地にゴミ処理施設を作ろ

  うとしている。 시는 시민들의 반대하는 목소리에 아랑곳하지 않고 초등학교 터에
  쓰레기 처리 시설을 만들려고 하고 있다.

- 野外コンサートはファンたちの願いをよそに朝から大雨が続いて
  結局中止になった。
  야외 콘서트는 팬들의 바람과 상관없이 아침부터 폭우가 이어지다 결국 중지가 됐다.

- 家族の期待をよそに息子は進学を止め、バンドを作って音楽活動
  を始めた。 가족의 기대에 아랑곳하지 않고 아들은 진학을 포기하고 밴드를 만들어서
  음악 활동을 시작했다.

- 家事や育児に追われる妻の苦労をよそに夫は休日もゴルフなどを
  楽しんでいる。 가사나 육아에 쫓기는 아내의 고생에 아랑곳하지 않고 남편은 휴일
  에도 골프 따위를 즐기고 있다.

～をしり目<ruby>目<rt>め</rt></ruby>に

유사한 표현으로 「～をしり目^めに ~을 거들떠보지도 않고」가 있다. 「しり目^め」는 곁눈질, 즉 무엇인가를 흘끗 보기만 하고 신경을 쓰지 않는 것, 무시하는 태도를 취하는 것을 뜻한다. 또한, 두 가지를 비교하면서 한쪽이 다른 한쪽을 크게 앞장서거나 우위를 차지하는 상황에서도 많이 쓴다.

・親_{おや}の反対_{はんたい}をしり目_めに息子_{むすこ}は大学_{だいがく}を辞_やめてボランティア活動_{かつどう}に旅立_{たびだ}った。
부모의 반대를 무시하고 아들은 대학을 그만두고 자원봉사 활동을 떠났다.

・同年代_{どうねんだい}の男性_{だんせい}との結婚_{けっこん}を望_{のぞ}む両親_{りょうしん}の願_{ねが}いをしり目_めに娘_{むすめ}は70代_{だい}の富豪_{ふごう}と結婚_{けっこん}した。
동년배(또래) 남성과의 결혼을 바라는 부모의 바람을 외면하고 딸은 70대 부호와 결혼했다.

・長_{なが}い間_{あいだ}バスを待_まっている人_{ひと}たちをしり目_めに私_{わたし}はタクシーに乗_のって会社_{しゃ}に向_むかった。
오랫동안 버스를 기다리고 있는 사람들을 흘끗 보고 나는 택시를 타고 회사로 향했다.

・他_{ほか}の会社_{かいしゃ}が不況_{ふきょう}で苦_{くる}しんでいるのをしり目_めにその会社_{かいしゃ}は急成長_{きゅうせいちょう}を遂_とげている。
다른 회사들이 불황으로 어려움을 겪는 것과 달리 그 회사는 급성장을 이루고 있다.

・漢字_{かんじ}で苦労_{くろう}している自分_{じぶん}をしり目_めにジョンさんはどんどん日本語_{にほんご}が上達_{じょうたつ}している。
한자로 고생하고 있는 나와 달리 존 씨는 점점 일본어가 능숙해지고 있다.

100

んばかりに

금방이라도 ~할 듯이, 당장이라도 ~할 것 같은

어떤 행동이 '마치 ~하는 것과 비슷하다'라고 하는 비유적인 표현으로, 관용 표현도 있으니 이 기회에 함께 기억해 두자. 약간 예스러운 느낌이 들기 때문에 일상 회화에서는 「〜ように」,「〜みたいに」 등을 많이 쓴다.

동사 **ない형** ＋ **んばかりに**

- 友達が箱にあふれんばかりに詰めたみかんを送ってくれた。
  친구가 상자에 넘칠 듯이 채운(가득 담은) 귤을 보내 주었다.

- 合格の知らせを聞いた学生は今にも泣き出さんばかりに顔を歪めて抱き合った。 합격 소식을 들은 학생은 당장이라도 울음을 터뜨릴 듯이 얼굴을 일그러뜨리며 서로 껴안았다.

- 親は困ったものだと言わんばかりに大きくため息をついた。
  부모는 곤란하다고(대책 없다고) 말하는 듯이 크게 한숨을 쉬었다.

- 山は秋を迎えて燃え上がらんばかりの鮮やかな紅葉が彩っていた。
  산은 가을을 맞이해 타오를 듯이 선명한(화려한) 단풍이 물들어 있었다.

- 部屋の真ん中には畳んだタオルが崩れんばかりに高く積み重ねられていた。 방 한가운데에는 접어 놓은 수건이 무너질 듯이 높이 쌓여 있었다.

- 何度呼んでも返事がないのでドアを壊さんばかりに叩きながら声を上げた。 몇 번을 불러도 대답이 없어서 문을 부술 듯이 두드리면서 소리를 질렀다.

「んばかり」가 들어간 관용 표현

割れんばかりの: 깨질 듯한, 떠나갈 듯한, 우레와 같은
・演奏が終わると割れんばかりの拍手が起きた。
연주가 끝나자 우레와 같은 박수가 쏟아졌다.

はち切れんばかりの: 터질 듯한
・夏の海辺ははち切れんばかりの若さにあふれている。
여름의 해변은 터질 듯한 젊음으로 넘쳐흐른다.

狂わんばかりの: 미친 듯한
・二人は狂わんばかりの喜びを分かち合った。
두 사람은 미칠 듯한 기쁨을 서로 나누었다.

張り裂けんばかりの: 터질 듯한, 찢어질 듯한
・子供を亡くした親は張り裂けんばかりの悲しみに身を任せた。
자식을 잃은 부모는 (가슴이) 찢어질 듯한 슬픔에 몸을 맡겼다.

倒れんばかりの: 쓰러질 듯한
・疲労が頂点に達して倒れんばかりの状態だった。
피로가 정점(극)에 달해 쓰러질 지경이었다.

다음 문장의 (   )에 넣기에 가장 적당한 것을 1·2·3·4에서 하나 고르세요.

1. 街はすっかり秋(   )並木のイチョウも美しく見えます。

　　1　まみれで　　2　すぎて　　　3　ようで　　　4　めいて

2. 交差点の辺りは騒音問題も(   )事故の安全対策が至急必要だ。

　　1　さることながら　　　　　　2　かかわらず

　　3　どころではなく　　　　　　4　かとおもうほど

3. 書類はすべてチェックしたので改めて確認する(   )。

　　1　ことにします　　　　　　　2　ことがあります

　　3　までもありません　　　　　4　だけではありません

4. 有名な歌手が空港のゲートを出る(   )記者たちに囲まれた。

　　1　とたんに　　2　どころか　　3　やいなや　　4　につれて

5. 自分がどんな仕事を(   )他の人に干渉される理由はありません。

　　1　したから　　2　しようが　　3　とおして　　4　めぐって

어휘

並木 가로수　　イチョウ 은행나무　　交差点 교차로　　改めて 새롭게, 다시　　干渉 간섭, 참견

6 これだけ人が多い所では友達を探そうにも（　　　）ない。

1 探したく　　2 探しようが　3 探したがら　4 探しにくく

7 隣の車が（　　　）ばかりに接近したので思わずブレーキを踏んだ。

1 ぶつかる　　2 ぶつかろう　3 ぶつかれ　　4 ぶつからん

8 10年続いたロングラン公演も年内を（　　　）終了する予定です。

1 はじめに　　2 とちゅうで　3 かぎりに　　4 かぎって

9 その会社は経済環境の悪化などを（　　　）これまでで最高の業績を
あげた。

1 ものともせず　　　　　　2 あいまって
3 ぬきにして　　　　　　　4 知らずに

10 事故で家族を失った人たちの悲しみがテレビから伝わり、涙を
（　　　）。

1 余儀なくされた　　　　　2 禁じえなかった
3 やむを得なかった　　　　4 避けられなかった

ロングラン 롱런, 장기 흥행　　公演 공연　　業績 업적, 실적

다음 문장의 ___★___에 들어가기에 가장 적당한 것을 1·2·3·4에서 하나 고르세요.

1　運動の後、_____ _____ _★_ _____服はすぐ洗濯しないと臭いが残る。

　　1　なった　　　2　汗　　　　3　に　　　　4　まみれ

2　公演は何時 _____ _____ _★_ _____パンフレットには書いてない。

　　1　この　　　　2　始まる　　3　から　　　4　やら

3　少しぐらい帰りが遅く _____ _____ _★_ _____休みだから大丈夫です。

　　1　は　　　　　2　と　　　　3　明日　　　4　なろう

4　外国での生活が _____ _____ _★_ _____適応ができないこともある。

　　1　ゆえに　　　2　長かった　3　への　　　4　日本社会

5　検査の反応が陽性だったため在宅 _____ _____ _★_ _____された。

　　1　治療　　　　2　なく　　　3　よぎ　　　4　を

어휘

パンフレット 팸플릿　適応 적응　陽性 양성　在宅 재택, 집에 있음

6 特別賞を受賞するのは経歴と実績から田中さん ＿＿＿ ＿＿＿ ＿★＿ ＿＿＿ いない。

　　1　おいて　　　2　他　　　　3　を　　　　4　に

7 いくつかの事例を挙げましたが ＿＿＿ ＿＿＿ ＿★＿ ＿＿＿ 対策を考えます。

　　1　て　　　　　2　踏まえ　　3　これら　　4　を

8 日本一周自転車の旅は1月1日、沖縄 ＿＿＿ ＿＿＿ ＿★＿ ＿＿＿ した。

　　1　に　　　　　2　皮切り　　3　スタート　4　を

9 今日お渡しした報告書 ＿＿＿ ＿＿＿ ＿★＿ ＿＿＿ 事業報告に代えます。

　　1　を　　　　　2　の　　　　3　もって　　4　本年度

10 彼は家族の心配 ＿＿＿ ＿＿＿ ＿★＿ ＿＿＿ 勤務を続けてとうとう入院した。

　　1　無理な　　　2　を　　　　3　よそ　　　4　に

受賞 수상　経歴 경력　事例 사례(실제로 일어난 예)　一周 일주(한 바퀴 돎)
沖縄 오키나와(지명)　代える 대신하다

001 ~ 020

JLPT 문법_ 문법형식 판단 유형　52p

[1]　2　무엇보다 준비가 있어야 계획이 실행되는 것이니 준비를 철저히 하고 싶다.

[2]　4　오랫동안 찾고 있었던 역사 자료가 국내에서 발견되어 기쁘기 그지없다.

[3]　3　이 농가에서는 포도 재배를 하면서 가공 식품의 생산과 판매도 하고 있다.

[4]　2　즉흥적으로 시작한 사업이라 계획성이 없어 이제 자금이 바닥나게 되었다.

[5]　1　그녀는 무엇이든 비관적으로 생각하는 경향이 있어서 처음부터 포기하는 경우도 많다.

[6]　3　초면이라 아직 태도가 어색한 것은 어쩔 수 없습니다.

[7]　1　앨범 사진은 옛날의 나를 떠올리게 만들었다.

[8]　4　시청 직원의 냉담하기 짝이 없는 말투에 화가 나 미치겠다.

[9]　2　남의 말은 잘 들으라고 충고하기가 무섭게 남의 말을 무시하고 있다.

[10]　3　그 드라마를 보기 시작했다 하면 전부 다 볼 때까지 아무것도 할 수 없게 된다.

JLPT 문법_ 문장 만들기 유형　54p

[1]　4　2-1-4-3

　　　　내년 발렌타인에는 앙케트 결과 여하에 따라 신제품을 내놓겠습니다.

[2]　1　4-2-1-3

　　　　신입 사원을 소개할 겸 각 부서의 책임자에게 인사시켰다.

[3]　4　3-1-4-2

　　　　상품 금액 여하에 상관없이 세율은 모두 10%입니다.

[4]　3　2-4-3-1

　　　　150m나 되는 빌딩을 로프도 없이 오르다니 믿을 수 없다.

[5]　2　3-1-2-4

　　　　지도에서 지정된 것처럼 길을 걸으면 목적지에 빨리 도착할 수 있다.

[6]　2　4-3-2-1

　　　　드라이브 겸 이 동네 문화재를 돌아보려고 합니다.

[7]　3　1-4-3-2

　　　　올해는 매달 야근이 계속되어서 이제 체력이 한계에 와 있다.

[8]　1　2-3-1-4

　　　　즐거웠던 여행의 추억도 지금은 그저 사진 속에 있을 뿐입니다.

9] **1** 3-2-1-4

궁금한 사람이지만 아직 전화번호는커녕 이름조차 알려주지 않는다.

10] **1** 2-4-1-3

저(그) 사람에게 부탁해 봤자 이 계획을 부정당할 뿐입니다.

021 ~ 040

JLPT 문법_ 문법형식 판단 유형　　　　　96p

1] **3** 그때 그가 한 말은 한순간도 잊은 적은 없다.

2] **4** 그녀와는 다섯 번이나 우연히 만났다. 이게 운명이 아니고 무엇이란 말인가.

3] **2** 계속 응원해 온 팀의 우승을 기대해 마지않습니다.

4] **1** 공포 영화도 아니고 이런 곳에 시체가 있을 리가 없어.

5] **1** 그녀는 어학을 좋아하여 영어, 아랍어 할 것 없이 10개 언어를 습득했다.

6] **4** 긴급 (상황)이라면 헬리콥터로 수색을 의뢰할 수도 있다.

7] **2** 올해 적자는 작년의 절반으로 1,500만 엔 정도입니다.

8] **3** 나 외에는 임원뿐이었기 때문에 말도 못하게 불편했다.

9] **4** 어려운 사람이라고 생각했는데 실제로 이야기해 보니 여러 가지 공통점이 있다는 것을 알았다.

10] **2** 손님 앞에서 이 상품은 구식이라고 생각하게 해서는 안 된다.

JLPT 문법_ 문장 만들기 유형　　　　　98p

1] **1** 4-3-1-2

스피드 스케이팅은 마지막에 앞서거니 뒤서거니 하는 장면이 매력이다.

2] **1** 2-3-1-4

그것이 무엇이든 부모로부터 자립하는 길을 선택한 것은 훌륭하다고 생각한다.

3] **4** 3-2-4-1

취직이 결정되지 않았던 지난 몇 달 동안 아무것도 손에 잡히지 않았다.

4] **3** 2-4-3-1

낯선 고장(객지)에 대한 불안이 주민에 대한 불신과 맞물려 범행을 일으킨 것 같습니다.

5] **4** 1-3-4-2

20년 만의 재회라서 친구들이 얼마나 변했을지 상상도 안 된다.

6 2 3-1-2-4

아침이든 오후든 낮에는 사람들이 볼 수 있으니까 춤 연습은 밤에 하자.

7 2 1-4-2-3

과장도 그렇고, 부장도 그렇고 관리직 사람은 다양한 경험을 쌓고 있습니다.

8 2 4-1-2-3

한 달 전에 살인 사건이 일어난 후부터는 밤길은 혼자 못 걷는다.

9 4 2-1-4-3

요즘 식당은 1,000엔 이하의 메뉴를 거의 찾아볼 수 없다.

10 3 4-2-3-1

이 정도의 기술이 있으면 아마추어라고 해도 다른 사람에게 가르치는 것도 무리가 아니다.

041 ~ 060

JLPT 문법_ 문법형식 판단 유형   142p

1 4 비가 와서 오시기 불편한데 여기까지 와 주셔서 감사합니다.

2 4 명색이 작곡가라는 사람이 악보를 읽지 못한다니 들어본 적이 없다.

3 2 연말이라 북적인다고는 하지만 경기가 나빠서 매출은 작년의 절반이다.

4 3 전문가는 아니지만 대학에서 전공했기 때문에 이 분야에는 지식이 있다.

5 3 요즘 택시는 사전에 예약하지 않고서는 도로에서 잡히지 않는다.

6 1 평소에는 사람이 많은 이 거리도 오전(새벽) 1시 정도가 되면 인적이 뜸하다.

7 4 A 이것은 영어로 쓰여 있는데 읽을 수 있을까요?
B 못 읽는 것도 아니지만 조금 시간이 걸려요.

8 2 이 식당에서 겨울만의 메뉴라고 하면 굴 요리입니다.

9 1 다른 사람에게 어떻게 보일지는 몰라도 저 아이는 자기 나름대로 노력하고 있다.

10 4 그는 신뢰하는 친구까지 떠나기에 이르러(떠나자 비로소) 자신의 잘못을 깨달았다.

JLPT 문법_ 문장 만들기 유형   144p

1 3 4-1-3-2

조금 전에 왔는데 벌써 가다니 아쉽네요.

2 2 1-4-2-3

모두가 들떠 있는데도 그는 흥미가 없다는 듯이 음악을 듣고 있다.

3 **4** 3-1-4-2

은행에서 별 생각 없이 잡지를 바라보고 있었는데 자신의 번호가 불렸다.

4 **1** 2-4-1-3

골프는 안 해 본 것도 아니지만 옛날 일이라 까맣게 잊었어요.

5 **1** 4-3-1-2

그의 행동에 대해서는 남의 일인데 신경이 쓰입니다.

6 **4** 3-2-4-1

A 그 휴대 전화는 얼마나 배터리가 오래가나요?
B 글쎄요. 충전하지 않고 8시간은 쓸 수 있어요.

7 **4** 2-1-4-3

아이는 방에 가방을 놓자마자 어디론가 가 버렸다.

8 **3** 4-2-3-1

이 지방은 일 년 내내 온화한 기후 하에 있어서(기후여서) 과일 재배도 활발하다.

9 **2** 1-3-2-4

부모님이든 형제든 가족분들께 한번 상의해 보세요.

10 **2** 3-4-2-1

외국인 선수를 편입하기에 이른 것은 팀 보강을 위해서였다.

061 ~ 080

JLPT 문법_ 문법형식 판단 유형 `186p`

1 **2** 베테랑인 스즈키 씨도 초보적인 실수를 하는 일이 있어서 놀랐다.

2 **4** 이것은 신뢰할 만한 곳에서 얻은 정보입니다.

3 **3** 아르바이트 일정은 가급적 여러분의 희망에 따라 정하려고 합니다.

4 **1** 상대방을 고의로 다치게 한 것이 아니기 때문에 '상해죄'에는 해당되지 않는다.

5 **1** 그 사람은 혼자 사는 노인의 안부 확인에 그치지 않고 식사 시중(돌봄)까지 하고 있다.

6 **3** 일부러 사무실까지 와 주셔서 송구스럽습니다.

7 **2** 루브르 미술관(박물관)은 그 자체로 예술의 극치라고 일컬어지고 있다.

8 **2** 어떤 동물은 밤에만 행동하지만 그것은 낮보다 안전하다는 자기방어의 결과인 것이다.

9 **3** 여기서 포기하면 그만이지만 좀 더 상황을 보고 판단하자.

10 **1** 보도에서의 자전거 방치 문제는 내버려 둘 수 없는 문제가 아닐까요.

JLPT 문법_ 문장 만들기 유형 188p

1　3　1-4-3-2

고령화 사회를 맞이하여 현재 노후와 관련된 문제가 주목받고 있습니다.

2　4　3-1-4-2

설 연휴보다 5월 연휴에 여행자가(여행객이) 많은 것은 기후 때문입니다.

3　1　4-3-1-2

매일 그 사람의, 도저히 듣고 있기 힘든 소문을 들을 거라면 회사를 그만두고 싶다.

4　3　2-4-3-1

새 드라마가 잘 나가는 데 반해 호화로운 배우로 화제인 드라마는 부진하다.

5　1　4-2-1-3

전화가 고장 났다고 하면 몰라도 못 올 때는 연락 정도는 해 주었으면 좋겠어.

6　4　3-2-4-1

이번 회의에는 부장님은커녕 과장님도 오지 못했기 때문에 아무것도 결정되지 않았다.

7　2　1-4-2-3

오늘은 일찍 집에 가려고 점심시간도 쉬지 않고 일을 처리했다. (해치웠다.)

8　1　2-3-1-4

리더를 신뢰해야만 팀으로서 큰 힘을 발휘할 수 있습니다.

9　4　3-2-4-1

자기 집 쓰레기를 다른 집 앞에 버리다니 용서할 수 없는 민폐 행위이다.

10　2　4-1-2-3

원고를 마감 시간까지 맞출 수 없다면 두 번에 나누어 게재할 수밖에 없습니다.

081 ~ 100

JLPT 문법_ 문법형식 판단 유형 232p

1　4　거리는 완연한 가을 느낌으로 가로수인 은행나무도 아름답게 보입니다.

2　1　교차로 부근은 소음 문제도 있지만 사고의 안전 대책이 시급히 필요하다.

3　3　서류는 모두 체크했으니 다시 확인할 필요도 없습니다.

4　3　유명한 가수가 공항 게이트를 나서자마자 기자들에게 둘러싸였다.

5　2　자신이 어떤 일을 하든 다른 사람에게 간섭받을 이유는 없습니다.

6　2　이만큼 사람이 많은 곳에서는 친구를 찾으려고 해도 찾을 길이 없다.

7   4   옆 차가 마치 부딪칠 듯이 접근했기 때문에 나도 모르게 브레이크를 밟았다.

8   3   10년간 이어진 롱런 공연도 연내를 끝으로 종료할 예정입니다.

9   1   그 회사는 경제 환경 악화 등에는 아랑곳하지 않고 지금까지 최고의 실적을 올렸다.

10   2   사고로 가족을 잃은 사람들의 슬픔이 TV에서 전해져 눈물을 금치 못했다.

JLPT 문법_ 문장 만들기 유형   234p

1   3   2-4-3-1

운동 후 땀범벅이 된 옷은 바로 세탁하지 않으면 냄새가 남는다.

2   4   3-2-4-1

공연은 몇 시부터 시작하는지 이 팜플렛에는 적혀 있지 않다.

3   3   4-2-3-1

조금 귀가가 늦더라도 내일은 쉬니까 괜찮아요.

4   4   2-1-4-3

외국에서의 생활이 길었기 때문에 일본 사회에 적응하지 못할 수도 있다.

5   3   1-4-3-2

검사 반응이 양성이었기 때문에 재택 치료를 피할 수 없게 되었다.

6   2   3-1-2-4

특별상을 수상하는 것은 경력과 실적으로 (봤을 때) 다나카 씨 말고는 달리 없다.

7   2   3-4-2-1

몇 가지 사례를 들었지만 이를 바탕으로 대책을 생각하겠습니다.

8   1   4-2-1-3

일본 일주 자전거 여행은 1월 1일, 오키나와를 필두로 시작했다.

9   4   1-3-4-2

오늘 드린 보고서로 금년도 사업 보고를 대신하겠습니다.

10   4   2-3-4-1

그는 가족들의 걱정을 아랑곳하지 않고 무리한 근무를 이어가다 결국 입원했다.

メモ

JLPT 합격 시그널 일본어 문형 N1

초판 인쇄	2025년 3월 10일
초판 발행	2025년 3월 20일
저자	JLPT 연구모임
감수	최민경
편집	조은형, 김성은, 오은정, 무라야마 토시오
펴낸이	엄태상
디자인	이건화
조판	이서영
콘텐츠 제작	김선웅, 장형진
마케팅	이승욱, 왕성석, 노원준, 조성민, 이선민
경영기획	조성근, 최성훈, 김로은, 최수진, 오희연
물류	정종진, 윤덕현, 신승진, 구윤주
펴낸곳	시사일본어사(시사북스)
주소	서울시 종로구 자하문로 300 시사빌딩
주문 및 교재 문의	1588-1582
팩스	0502-989-9592
홈페이지	www.sisabooks.com
이메일	book_japanese@sisadream.com
등록일자	1977년 12월 24일
등록번호	제300-2014-31호

ISBN   978-89-402-9438-3 (13730)